# GUIA Y CONVENIOS
# DE HOMOSEXUALES
# Y TRES EN PAREJA

# GUIA Y CONVENIOS DE HOMOSEXUALES Y TRES EN PAREJA

BERNARDO GONZALEZ

Número de Control de la Biblioteca del Congreso de EE. UU.:        2013913069
ISBN:                    Tapa Blanda                      978-1-4633-6225-6
                         Libro Electrónico                978-1-4633-6224-9

**Para realizar pedidos de este libro, contacte con:**
Palibrio LLC
1663 Liberty Drive
Suite 200
Bloomington, IN 47403
Gratis desde EE. UU. al 877.407.5847
Gratis desde México al 01.800.288.2243
Gratis desde España al 900.866.949
Desde otro país al +1.812.671.9757
Fax: 01.812.355.1576
ventas@palibrio.com
485216

# ÍNDICE

# CAPITULO 1

## ADULTERIO CON RESPONSABILIDAD PARA REUNIR FAMILIAS.

Actualizar las leyes en la constitución es lo más importante para un país y par el ser humano.

Y al aprobar matrimonios de personas del mismo sexo, estamos avanzando en igualdad de derechos sin discriminación por el gusto del sexo entre;

Parejas de lesbianas, Parejas de homosexuales,
Mujer con mujer, Hombre con hombre.

Y VIVIENDO OCULTOS TRES EN
PAREJA, 3EP. TRIPAREJA.
Un hombre con 2 mujeres.
Una mujer con 2 hombres.

Es casi todo parecido al de las parejas normales de un hombre y una mujer, en el registro civil el juez le da lectura a los derechos de pareja; como bienes mancomunados en matrimonio, juntos en la riqueza, pobreza, en salud y en la enfermedad etc. etc.

Mujeres lesbianas que tienen hijos y desean juntarse con otra mujer, los hijos sufren menos por que tienen como 2 madres.

Y las nuevas parejas de hombres homosexuales que se casaron antes con mujeres y tuvieron hijos, ellos los pueden criar con el consentimiento de la madre y del juez.

Y las parejas nuevas de lesbianas y homosexuales pueden adoptar niños siempre y cuando no tengan antecedentes penales, vicios de drogas y alcohol y no hubieran tenido vida escandalosa o callejeras y estar dispuestos sujetarse a una investigación privada por las enfermedades contagiosas y pagar los gastos y tener buen trabajo y buena conducta; solamente reuniendo estos requisitos podrán aplicar para adoptar a una niña o niño y después de un buen tiempo de criar al que adoptaron, la pareja puede aplicar para amparar a otro bebe.

Estamos avanzando en igualdad de derechos sin discriminación para las parejas en adoptar bebes como sus hijos.

Se esta avanzando en derechos humanos para las parejas de;

## LESBIANAS Y HOMOSEXUALES

# CAPITULO 2

## EL ADULTERIO.

Y las mujeres que tienen hijos con otro hombre; las madres tienen que ir a visitar a su amante y hacerlos pasar como su primo o un compadre, tío lejano o amigo de la familia. Y no como su padre: Y el hombre casado que va a visitar a su amante, ve a sus hijos un día por semana o quizás de dos a tres veces por mes, poniendo el pretexto ante sus hijos que viaja mucho por su trabajo y gasta mucho por eso deja poco dinero para los gastos de la casa.

¡Siendo una injusticia para los niños!

Se esta avanzando en derechos humanos en parejas de lesbianas y homosexuales al unirse en matrimonio.

Y al hombre casado con su amante y sus hijos no.
Y a la mujer casada con su amante y sus hijos no.

Cuando el hacer el amor con su pareja es aburrido, se hace rutina, se pierde el interés de dar placer con éxtasis y frenesí. El amor sin ganas causa el divorcio de las parejas dejando a los hijos sin padre o sin madre; Naciendo el adulterio que son los amantes.

Si ya hizo la última lucha y no dio resultado trate 3 en pareja. Esto no quiere decir que sea usted., **Gay o prostituta.** Y utilice consoladores. Es una competencia en el arte del amor en la cama, en su matrimonio. Y entre a este nuevo mundo con más satisfacción sexual.
Una pregunta ¿Usted vende su sexo?

Una pregunta ¿Usted dona su sexo?

Las autoridades al estar actualizando las
leyes de la constitución al aprobar matrimonios del mismo sexo deben también actualizar y aprobar el matrimonio de tres en pareja.

## ¡Y ABOLIR EL ADULTERIO!

### Que es una esclavitud para la;
### Mujer.

Antes cuando el esposo encontraba a su esposa en la cama en in fraganti. En ese momento era asesinada, muerta por el esposo ofendido y no iba a la cárcel solo pagaba una multa.

Y si la esposa encontraba a su esposo en plena acción, solo se discutía o salía golpeada o se separaban divorciándose.

## AQUÍ NO HAY DERECHOS
## HUMANOS.

Los derechos entre el hombre y la mujer;

## ¡EN LA CAMA SON IGUALES!

## ¡QUE SE ACTUALICE LA LEY DE
## MATRIMONIOS!

## ¡PARA TRES EN PAREJA TAMBIEN! 3EP. Tripareja.

## ¡ES UN PROGRAMA PARA
## ESTAR UNIENDO FAMILIAS!

Se tiene que derogar de los códigos penales de todos los países del mundo este artículo penal que castiga el adulterio.

Para que el sexo sea libre entre hombres y mujeres y con responsabilidad. Se debe de cruzar la línea del sexo.

En ciertos países árabes al hombre se le consiente tener de 2 a 3 o 4 esposas, siempre y cuando ella (as) estén de acuerdo y el pueda y cumpla con igualdad con todas ellas.

2 ESPOSAS Y UN PADRE O ESPOSO;

Aquí acaba la amante y empieza con el titulo de esposa con su acta de matrimonio.

2 MARIDOS Y UNA MADRE O ESPOSA

Aquí acaba el titulo de venado y empieza de la otra rodilla o del otro, con el titulo de esposo.

Seria bonito ver salir de la misma puerta a los hijos de las 2 mujeres para recibir a su padre.

Seria bonito ver salir de la misma puerta a los hijos de los 2 hombres para recibir a su madre.

# CAPITULO 3

¡Motivos para tener 2 esposos!

Formar tres en pareja por enfermedad.
Aquí empiezan 3 pequeñas historias como ejemplo.

Una pareja de esposos llevan un poco más de 3 años de casados y ella aun no ha podido salir embarazada, acuden con un doctor ginecólogo para pedir ayuda profesional y los mejores consejos de este galeno especializado.

El doctor pregunta si tienen algún tipo de problema ya sea económico, emocional o sexual.

El esposo contesta que al parecer no hay alguno.

¡Pero ella contesta que si!

El doctor le pregunta que cual es el problema.

Y ella contesta, que hasta la fecha ella no ha salido embarazada, quizás porque no ha tenido un ¡Orgasmo! y no sabe que es eso y además le duelen los ovarios porque queda con más ganas y excitada. El doctor le explica a la joven señora que no es necesario tener un orgasmo para salir embarazada y ella le contesta y los dolores en los ovarios qué. El doctor les explica que tienen que tener un tratamiento y hacerles un chequeo o inspección corporal a cada uno de los dos y le pide al esposo que por favor pase al otro cuarto y se desnude y se ponga una bata porque lo va a examinar y hacerles unas preguntas. Y a la señora le dice que espere unos 30 o 40 minutos aquí en el consultorio o que si gusta puede bajar al piso inferior y allí hay un comedor y un pequeño centro comercial donde ella puede ir a distraerse. Ella acepta y se retira mientras pasa la entrevista con el doctor su esposo.

Y en el consultorio el doctor y paciente después de estar platicando de las cosas íntimas del matrimonio sobre el sexo, el doctor se pone unos guantes y le hace una exploración corporal y le dice que por el momento no ve nada raro y le pide una muestra de ¡su semen! Y lo deposite en un frasco que le esta ofreciendo para hacerle un análisis en el laboratorio y el resto congelarlo en un recipiente para una prueba de fecundación si es necesario.

Ya cerca de los 40 minutos la joven y guapa señora regresa al consultorio y encuentra a su esposo y al doctor platicando y el doctor le dice a la señora que tiene que pasar al otro cuarto y se desnude para hacerle una entrevista y un chequeo en la parte adolorida y otras zonas de su cuerpo y al esposo le dice que tiene que esperar unos 30 o 40 minutos en el consultorio o la opción de bajar al comedor o pasar por el centro comercial durante el tiempo de consulta y el acepta y se retira.

Y en el cuarto la mujer se desnuda y no encuentra la bata, el doctor le dice que no es necesario que se la ponga porque la va ha revisar sus senos y en la parte baja de su vientre y tomarle unas radiografías y necesita estimularla sexualmente en todo su cuerpo para saber donde están sus zonas eróticas, sus zonas sensibles a las caricias de sus manos y para poderle practicar un orgasmo y el doctor después de olerle el perfume de la vulva (feromonas) y verle la gordura de la vulva y la entrada al orificio vaginal (labios inferiores) vio con deleite el aceite que estaba a punto de manar de esa sabrosa fuente de liquido invitándolo a untárselo en cierta parte de su cuerpo y al acariciarla unos minutos ve que ella le abre la boca como si quisiera que le oliera su aliento y necesita de su respiración del doctor y se unieron en un beso que duro como un minuto esto hace que se altere el calor y la agitación en el cuerpo y el doctor se quito la bata y pantalón, el ya estaba casi desnudo y solo esta ropa lo cubría en forma sensual y la toma en forma ¡Salvaje! que ella aguanto y trato de repeler el ataque rápidamente utilizando ella su mejor movimiento de cadera, experiencia y contra golpeando sin perder el paso en cada embestida para aceitar y suavizar lo duro y lastimar los testículos del doctor y la cámara de tumoración computarizada capto y fue testigo de que ella había tenido un orgasmo placentero en la toma # 1 y ella se lo agradeció lamiéndolo como si fuera una gatita y ella encorvando su cuerpo y acariciándole la nuca y la espalda le dijo suavemente al oído que quisiera tener su orgasmo, ya que el doctor estaba tan excitado que no pudo tenerlo y sin sacarla empezó la toma # 2 en la cámara de tumoración computarizada e inicio unos de los pasatiempos más antiguos del hombre hacer el amor con pasión. Este orgasmo de ambos duro mas tiempo en venir pasándose del tiempo convenido en 30 minutos mas de la consulta y cuando acabaron vistiéndose rápidamente los 2 salieron, el doctor la llevaba abrazada al otro cuarto en donde estaba su esposo de ella en el consultorio y la vio desarreglada y con una cara de felicidad, de vergüenza y de tonta y el pregunto que como le había ido a ella en la revisión. El doctor le hablo tranquilo para que se calmara, necesitaba darle 2 noticias malas. Una, detecto en la parte adolorida una inflamación dura lo cual le mando sacar unas radiografías y salio positivo con infección en los ovarios había inflamación lo cual requiere de extirpación de ellos y para que no se propague más la infección y poder salvarle la vida. La otra, al ver este resultado tuvo que provocarle un orgasmo en el mismo consultorio para que su cuerpo se desahogara y descansara.

El esposo se enfureció al saber que su esposa había sido tocada por otro hombre y se dispuso a golpearlo, y el doctor le dijo que si él quiere a su esposa muerta qué ya no la lleve a la consulta a su terapia. El esposo se calmo y el doctor le aclaro que si su esposa tiene otra crisis de dolor en los ovarios el seria el responsable de lo que le suceda, o simplemente se debe divorciar para que ella pueda buscar su remedio o volverla a llevar con él para darle su terapia y le voy a dar una cita dentro de 6 días para que la traiga usted mismo o trate con un consolador, todos estos días o sepárese de ella.

## Una recomendación;

A las mujeres jóvenes que solo hacen PRE SEXO y que solo son excitadas, se les pueden inflamar sus 2 ovarios y tienen que ser extirpados por infección para que ellas tengan este cuidado y ya eviten esta relación amorosa perjudicando su salud.

Pasaron los 6 días y también la hora de la consulta y al retirarse del consultorio del trabajo, el doctor se encontró con los esposos casi en la banqueta de la calle y el esposo le dice al doctor que ¡El quiere mucho a su esposa! y lo primero que quiere es salvarle la vida y que le deja a su esposa para su tratamiento. Y a ella le da dinero para que pague la consulta y el hotel ya que habían llegado tarde y el consultorio ya estaba cerrado y al doctor le dice que es lo más preciado que tiene él en su vida y que se la encarga y se la deja en ¡Sus manos!

Para su terapia.

La mujer se despide de su esposo y lo incita a que se vaya a trabajar y le dice, voy a tratar de llegar temprano para cuando tu llegues del trabajo y se retiran rumbo a un hotel cercano, ellos se registran y entran al cuarto, se acarician y el la semidesnuda y ella se retira de el para sentarse en la orilla de la cama, el se voltea y se desnuda y cuando se dirige hacia la cama, ella esta tapada del ombligo a los pies y dejando sus pechos destapados y moviendo sus hombros estos mueven ligeramente sus pulposos pechos y ella estira la mano aun lado de la otra almohada y le dice al doctor que brinque a la cama que esta blandita, el doctor se le acerca y ella le dice ¡La cobija de abajo esta bien lanuda! y ella se destapa más y el le ve el pelo del monte de venus todo parado y erizado, ella se lo había estirado para que el se lo aplanara. Y al estar acostado junto con ella. El ya estaba sobre su brazo que ella ya había estirado anteriormente y al verle la cara otra vez, ya tenía la boca abierta para que probara de su saliva y de su lengua. El amor es su medicina.

Fue un turno de casi 8 horas completo en la cama. Pero tenían que acabar de hacer el sexo, tenían que regresar antes que su esposo, ya que ella se lo había prometido. Ya que el había salido del trabajo. Y al entrar a su casa el esposo vio a su mujer y al doctor y les pregunto que como les había ido y ella le contesto con alegría y dijo, que había tenido 4 orgasmos en 7 veces que lo hicieron en el hotel y quería practicar uno allí en su casa, ya que se sentía bien. Y cenaron juntos y pasaron las horas platicando los tres como si nada hubiera pasado, entonces el doctor se da cuenta de que ya es tarde y se tiene que retirar, pero ya era muy tarde y el esposo le invita a quedarse a dormir en la casa y la esposa le dice a su esposo, entonces hay que bañarnos te espero en la regadera.

Cuando ellos 2 salieron del baño entro el doctor a ducharse y el esposo se fue al cuarto y ella a la cocina a lavar los trastes sucios y luego entro al baño para lavar la ropa del doctor en la lavadora y le dijo al doctor que solo entrara con la toalla al cuarto, el salio del baño y llego al cuarto de dormir, el esposo estaba a la orilla de la cama, ella estaba al centro de la cama dejándole un lugar en el rincón de la misma cama y la mujer hablo fuerte.

Siempre dormimos desnudos y el siempre reposa en la orilla de la cama y tu quítate la toalla que debe estar mojada, si te sientes apretado en el rincón arrempújame para que te acomodes, me puedes también abrazar para que te acomodes mejor y si no tienes sueño me puedes hablar al oído y si quieres estar mas cómodo me separas mis muslos para untarte aceite de mujer en tus genitales y mis manos te darán rasguños y masajes en tu espalda.

Al amanecer el doctor hablo con el esposo, le dijo que se había enamorado de su esposa y le proponía casarse con su esposa, y el marido se levanto furioso acusándolo de que el había abusado de la condición de su esposa y de la buena fe de el. Y el doctor le explico que es la única solución ya que de no aceptar, el como doctor se va a ir a otro estado del país ya que el hospital le había ofrecido un mejor puesto de trabajo. Y casándose con ella permanecería allí o se irían los 3 juntos a vivir en el otro estado del país. La otra opción al dejarlos, ella se podría volver a enfermar y el tendría que llevar a su mujer con otro doctor o ella buscaría amigos o galanes ocasionales por su propia voluntad, para calmar su dolor, desahogando sus ovarios con orgasmos.

El sexo era su medicina ya que es joven, guapa y fogosa su esposa y no batallaría en tener orgasmos ya que ella se había dado cuenta que los podía tener en cualquier posición porque ella era ardiente y apasionada.

El esposo miro a su mujer y le pregunto bajando la voz, que si lo quería y ella contesto que poquito, entonces el esposo le volvió a decir a su mujer en voz baja que lo aceptara porque el no soportaría compartir las caricias de su mujer con otro hombre desconocido o quizás con mas hombres, que le darían su terapia, masajes, ejercicio e inyecciones profundas que ella necesita.

Una terapia con una larga inyección intramuscular y profunda que el no puede darle porque el es de talla mediana 8 centímetros de circunferencia en la corona de la cabeza por 13 centímetros de largo! y el doctor es de talla extra grande o XXL, 10 de circunferencia en la cabeza por 18 centímetros de largo según en la posición en que se la tenga metida adentro de ella.

Cuando yo era joven y fui campeón en frontón, era flaco y estaba bien **armado.**

Mi pene media 20 centímetros de largo según lo platicaban malas lenguas.

**El pene se mide desde atrás de los testículos cercas del ano hasta la punta del glande. Donde nace se opera para el cáncer de próstata. Quedando el pene dormido por más de 6 meses.**

Y se fueron a otro estado a vivir, el esposo fue feliz con su esposa y ella se alivio de los ovarios y no tubo que operarse ni divorciarse de el. Y al primer esposo, la mujer siempre le dio su lugar de comenzar en hacer primero el amor con el.

Y ya ¡Excitada! Acababa casi siempre con orgasmo o más satisfecha con el doctor con su segundo esposo.

El doctor conoció a esta mujer casada y se caso con ella y fue feliz siendo el segundo.

Y la esposa o la paciente se rumoran palabras que fue la mujer más feliz de toda la ciudad de NUEVA YORK. Al tener a los 2 esposos viviendo con ella, los tres en la misma casa viviendo, ¡Los tres en pareja!

El apellido de ella se elimina quedando el de los 2 esposos en los hijos para evitar conflictos y la confusión de quien es el padre y esta prohibido hacer el ADN ya que los 2 son los esposos.

El esposo cumplió con la nueva;
Ley de tres en pareja.

Estipulado en los artículos, obligaciones.
1                    2
2 Derechos de guía y convenios.
Y tres en pareja.

## Y la mujer disfruto del ¡Derecho!
De los 2 esposos que le da; La nueva ley.

Una victoria de parejas de lesbianas, homosexuales y;
Tres en pareja, tripareja.

Segundo motivo.
Para tener una esposa más.

Un grupo de muchachos se van acampar en un fin de semana a un bosque lejano para convivir con la naturaleza. Y al final del último día un muchacho joven decide quedarse hasta el otro fin de semana en el bosque para sobrevivir de la naturaleza.

Al segundo día deambular perdido se encontraba ya deshidratado y casi al punto de desmayarse distinguió una casa en plena arboleda, a unos pasos de entrar a la casa perdió el sentido, no sabia que desde antes el ya era observado, el habitante con precaución salio armado y reviso al extraño y vio que necesitaba ayuda y arrastras lo metió a su casa, lo hidrato y alimento y lo dejo que durmiera todo el día.

Ya al anochecer el joven despertó y al conocer a su benefactor a una señora de edad aproximadamente de unos 35 años le dio las gracias por lo que ella había hecho, le salvo la vida. Ella le contesto que no tenía porque agradecer y cambiando de plática ella le dijo como si fuera una orden que se fuera al baño para ducharse., y momentos después ella entro al baño y le aviso que iba a levantar la ropa para lavarla ya que estaba muy sucia y le dejo 3 toallas. 1 para secarse y 2 para taparse e irse al cuarto. Al pasar más de una hora, ya estaba completamente obscuro y al cuarto le faltaba una lámpara, cuando la puerta se abrió, era ella el vio su silueta, ella le dijo que si quería platicar un rato en compañía con ella. Y el le dijo que si, ella le pidió que estirara su mano para saber donde estaba y al tocarla se dio cuenta que ella también estaba desnuda y acabada de bañarse y prácticamente ella ya estaba casi encima de el.

Ella era viuda y tenía casi 5 años sin hacer nada de sexo y necesitaba de un hombre para desahogarse ya que todavía era joven. Aquí el hombre se volvió a deshidratar y ella se tomo todo el vigor y su jugo con pación. Ella volvió a su tarea del campo y cada vez que pasaba por la casa entraba al cuarto y se entregaban, entallaban su cuerpo uno a uno, una sola respiración, un vaivén un solo sudor para buscar ambos un orgasmo. Ella no le había entregado su ropa porque estaba viviendo su segunda luna de miel y el se encontraba viviendo en una dimensión desconocida placentera que le parecía un paraíso que no quería abandonar. Y así se llego al cuarto día y la cuarta noche y el joven le dijo que al amanecer el se marcharía para encontrar a sus amigos y parientes que ya deberían de estarlo buscando y ella contesto que esperara un solo día más ya que ella tenia que salir al pueblo porque tenia que ver a una persona. Y al amanecer ella fue la que salio y el se quedo esperando su regreso y ya al anochecer llego ella, venia en compañía de una muchacha joven y bonita y ella se la presento, era su hija y estudiaba en la ciudad y transbordaba en el pueblo, cenaron y a la hora de dormirse la muchacha se fue a su cuarto establecido y la mama y el joven en el otro cuarto. Como a la media hora entro la joven al cuarto de su mama y del muchacho, ella se había bañado y le pregunto a su mama que si podía quedarse a dormir con ellos y ella contesto que si, la joven busco la otra orilla de la cama quedando el muchacho en medio de las 2 mujeres, el sintió de inmediato su cuerpo desnudo y ella lo abrazo, el sintió sus pechos duros de una joven y del otro lado tenia a una mujer fogosa todavía llena de vida. La joven mujer se entrego al muchacho y este tomaba también de la otra compañera, prácticamente el comprendió que ellas 2 querían que el se quedara para ellas, y no vivir solas en ese bosque, en ese rancho, fue una noche de lujuria para el joven, pero ya había amanecido y el joven se levanto de la cama y se vistió, no dijo nada, se dirigió hacia la puerta y tomo su mochila y salio sin decir nada, allá adentro tenia a 2 mujeres todavía desnudas y en la cama y allá en el bosque lo estaban esperando sus amigos y familiares. Tomo el camino y de pronto el abrió la puerta y se dirigió hacia ellas.

### ¡El había salido a tirar su mochila al muladar!

Se regreso porque ahí tenía a 2 mujeres, la joven carne fresca y tierna y la otra mujer con sabor porque ya estaba sazonada y gozar de 2 pares de piernas abiertas femeninas con su follaje de montes de venus, 2 vulvas diferentes y 2 pares de senos en forma de cerros, esta fue la razón suficiente para quedarse con ellas y prefirió esto que regresar con sus antiguos amigos y familiares.

\*\*\*\*\*\*\*\*\*\*\*

(Todas las mujeres están capacitadas para saber utilizar el 100% de su cuerpo) para gozar más del sexo con el hombre, cosa que no lo hace por,

### Ignorancia durante toda su, Vida sexual

(Mas adelante explico como aprender a utilizar más de su cuerpo y orificio vaginal)

La amante puede ser la misma hermana de ella, su prima, o una amiga lesbiana de ella, o la sirvienta, la mujer al conocer al hombre casado esta aceptando ser la 2da esposa compartiéndolo en su vida. El se convierte en un semental solo para dedicarse a complacerlas a ellas. Y tiene prohibido levantar la cabeza para mirar a otras mujeres. Ellas lo tienen dominado y lo pueden suplir en el trabajo y el quedarse en casa.

El apellido del esposo se elimina ya que ellas son mayoría y así; La primer mujer cumple la con la nueva ley de tres en pareja.
Estipulado en los artículos, obligaciones y derechos;

| 1 | 1 y 2 | 2 y 3 |

### Y el hombre disfruto de su;
### ¡Pene y Derecho con las 2 Mujeres!

Que le da; ¡La nueva ley!
Una victoria de parejas de lesbianas,
homosexuales y triparejas. Tres en Pareja

Tercer motivo para formar una tripareja más.
Una pareja de enamorados se casan y se van a vivir a su casa, pero al poco tiempo de vivir juntos, ellos empiezan a recibir la visita de una amiga de ella prácticamente se la pasan casi todo el día juntas. Ella le dice al esposo que se siente sola, cuando el se va al trabajo y para no sentirse sola le llama a su amiga de mas confianza. El con el tiempo

ve que se agarran las 2 de las manos con frecuencia y en ocasiones se abrazan. Y la amiga de ella convive mas con su esposo en la casa, lo abrasa, juega con el y empieza a vestir mas ligera y mostrando su belleza delante de la esposa y las 2 muy contentas al estar casi desnuda. Y los esposos en ocasiones se acarician y ella los corrige como debe hacerse las caricias acercándose y hacer los movimientos más sensuales y atrevidas y la esposa no se molesta cuando ella acaricia a su esposo y así empiezan los acercamientos sexuales participando las 2 mujeres en pussyciones sexuales más difíciles y con;

(Nota palabra de doble sentido escrita en ingles y terminación en español pussy – ciones)

Doble excitación sexual para el esposo con 2 mujeres.

Doble excitación sexual para la amiga con un hombre y su esposa.

Doble excitación sexual para la esposa.

Teniendo a su esposo y su amiga ¡Lesbiana! haciendo cambio los tres en la cama.

Esta son parejas de locura.

La 1er esposa lesbiana cumple con la nueva Ley de tres en pareja. Estipulado en los Artículos, obligaciones y derechos;

1 y 2            2 y 3                    1

Disfrutando el hombre con su, **Pene y Derecho** con su esposa y amiga lesbiana convirtiéndolas en mujeres cariñosas cuando hacían el sexo con el.

La nueva ley será un triunfo para homosexuales al vivir 2 hombres en matrimonio, por un lado es bueno, pero por el otro lado tambien. En igual en lesbianas y las triparejas 3EP. Si ya no los siguen acosando, se acabara con esta Homofobia.

La burla sexual no es permitida por los familiares. Y la nueva ley de parejas da castigo al quien lo practique. Por eso se debe actualizar las leyes para acabar con la homofobia.

# CAPITULO 4

## LAS RELIGIONES Y LOS GOBIERNOS DICEN NO AL; ADULTERIO Y AL ACOSO SEXUAL.

### PERO TIRAN LA PIEDRA Y ESCONDEN LA MANO.

**En siglos pasados, los papas católicos tenían 1 o 2 mujeres y tambien hijos.**

**Y otros pastores de otras religiones y ¿Presidentes? de gobierno tambien.**

Pero es practicado en todo el mundo bajo la mirada de las mismas religiones, gobiernos y de los mismos familiares., Al permitirles a sus hijos e hijas que salgan a noviar. Ellos tienen que conocer al quien va a ser su esposa o su esposo y a escondidas hacen la revisión como si fuera alguna mercancía. Lo (a) destapan, lo observan, lo miran de arriba hasta abajo y le dan la vuelta hasta quedar al revés, lo tientan, lo agasajan para saber si es de buena calidad, para saber operarlo o favor de leer el instructivo para su mejor introducción.

Si piensan (irse con el novio) llevarse el aparato gratis no se puede cobrar la garantía y si los encuentran tienen que pagar la mercancía completa con la pena; casarse ellos y la multa económica es sueldo de por vida o pagar con cárcel como delincuente sexual.

**¡El acoso sexual a menores
es un crimen! y entre personas mayores en
contra de su voluntad tambien lo es.**

Convirtiéndose en tormento, martirio, trastorno mental, (cambio mental) porque se hace el acoso verbal y corporal, **con premeditación y ventaja.**

Si es mayor de 18 años. Y estando los 2 conciente de sus facultades físicas y mentales y lo admite con su pareja de amistad o noviazgo.

Hay **8** modos de revisar al novio o a la novia. 6 son castigados por acoso sexual y 2 no, usted elija los suyos. (4 y 8)

Modo de revisar al novio o a la novia.

## PRIMERA OPCION
### Es imprudente.

Invitarla a ir a nadar. Ella se pone el bikini y adentro del rió o de la alberca, el novio agasaja la parte de abajo del vientre y por detrás y al tocar arriba, ella se sumerge mas para el tentar, agarrar y quitar el pórtasenos. Y ella pasa las piernas por la cintura y espalda de el. Y lo amarra y se tira para atrás para flotar. La gente de lejos la ve flotando boca arriba, de nado sincronizado, pero la cosa es diferente así ellos sienten el sexo del otro separado solo por el traje de baño. ¡Este es un acoso sexual de ambos y no es permitido en un ningún país!

¡Viva tranquilo no abuse sexualmente de nadie en los balnearios, albercas o playas!

¡Aquí es un acoso grave y es un delito y se va directo a la cárcel sin derecho, y con el Juez!

Modo de revisar al novio o a la novia.

## SEGUNDA OPCION
### No falla, es 100% seguro ir a la cárcel.

Salir un día de campo y al pasar las horas, ellos tienen la necesidad de ir al sanitario, pero en el campo no hay sanitarios, teniendo que irse atrás de unos arbustos o rocas **y ella inicia el acoso,** y va primero, después de unos minutos ella sale arreglándose y reclamándole que el la espió y le vio las partes intimas de ella. El lo niega disculpándose y ella le reclama que también el valla a orinar y le enseñe su sexo varonil, el orina casi salpicándola y el le dice que lo agarre para que lo conozca mejor, **(cuando ella se lo toca) "ella se vuelve loca"** y estira la mano para agarrarlo y saludarlo y., El le dice se llama "Vergonzoso" y ella lo aprieta para sentir su dureza, fuerza y su longitud o para revisar la cabeza pelona si es de perfil de hongo (Ya le hicieron la circuncisión) O de cápasete con gorro. O cabeza de gato y peluche de angora o de camote tatemado o puede estar chueco y ella se lo quiere aceitar para enderezarlo o que este pinto o pecoso o con cara de cobra y si lo tiene de cuerpo de ¡Anaconda! lo tiene que agarrar del pescuezo para que no se anide entre la pelusa de sus muslos o la pique, porque su veneno le puede producir una inflamación en el vientre por nueve meses y teniéndose que casar con el.

¡Aquí es un acoso sexual y es un delito y se va directo a la cárcel!
Por usar indebidamente las; **manos los.**
**Humanos.**

Modo de revisar al novio o a la novia.

## TERCERA OPCION
### Es insensato al 100%

Una pareja de novios se van al gimnasio hacer diversos ejercicios durante todo el día y pasan las horas y quedan cansados y sudados y el mal olor del sudor los hace que se vallan a bañar y ellos elijen el baño a vapor. Uno privado para los 2 y entran envueltos en toallas y empiezan a sudar y hay tanto vapor que el se quita la toalla y la cuelga en su **¡PENE! BIEN PARADO** (aquí hay exhibición e incitación sexual) el dice, que para que el sudor escurra mas y si ella también se quita la toalla porque la tela le roza los pezones de sus senos y así escurre mejor el sudor (Aquí también hay exhibición e incitación sexual porque se cuelga la toalla **DE SUPER NIÑA**) y los 2 se frotan y se abrazan para enjabonarse, ella busca el estropajo con agarradera y al agarrar el jabón, se le resbala de la mano y cae al piso, ella se agacha, ella se esta destapando lo que tiene escondido entre las extremidades y con mas valor, si se mueve a un lado es por que sintió una cosa dura y achatada o quizás sintió un piquete y por ese dolor se movió, o quizás se acomodo para cumplir con su destino mágico y convertirse ya en mujer y perder su virginidad con el hombre.

¡Aquí es un acoso sexual y es un delito y se va directo a la **(Cama)** perdón a la **cárcel**! Por daños causados por **pene**tración.

Modo de revisar al novio o a la novia.

## CUARTA OPCION
### Es serio para casarse.

La novia invita a su novio a ir a ver una casa nueva en venta. Y ella le dice, esta casa es nueva como mi cuerpo. Soy nueva, agraciada y también soy virgen; la parte trasera de la casa esta bien cómoda y mí trasero también lo es como tu lo vez.

Al frente de la casa tiene pasto y mi cuerpo lo tiene al frente abajo del vientre que es el monte de Venus.

Arriba hay 2 cuartos con amplios y divinos techos y yo tengo aquí arriba 2 amplios y magníficos pechos.

En medio de la casa esta la puerta de entrada con 2 hiervas junto a la puerta que huelen bonito, una de día y otra de noche.

Y en medio de mi cuerpo se encuentra una entrada con 2 plantas de pelo divididas por la rajada de mi vulva vaginal y huele bonito de día y de noche si la excitas. (Feromonas)

A la entrada de la casa encontraras una sala aterciopelada, cómoda y perfumada para descansar,

A la entrada de mi orificio vaginal encontraras un lugar atercio**pelada**, especial para que descanse tu pene y hasta el fondo, esta un lugar donde podrás depositar tu semilla liquida y nacerán nuestros hijos.

Para entregarte la casa se necesita rubricar un contrato de compra y venta de la propiedad.

Para entregarte mi **¡Virginidad!** se necesita legalizar un contrato de casamiento y propiedad mancomunada y yo coopero toda la vida en matrimonio y trabajo. En la riqueza o en la pobreza, en salud y en la enfermedad. Es el sello de nuestro amor.

¡Aquí no hay acoso sexual y no hay delito que perseguir!

**Los 2 son
¡Declarados inocentes!
ANTE CUALQUIER JUSGADO PENAL Y SE PUEDEN CASAR.**

Modo de revisar al novio o a la novia.

## QUINTA OPCION
### Es comprometedor al 100%

Un par de novios están comiendo en un restaurante y el se tomaba unos ¡Rones y ella ya se había tomado una margarita y aparte pidió una Piña Colada! Pero piensan entregarse uno a otro y un poco nerviosos, se dirigen hacia un hotel cercano. Los 2 tenían poca experiencia en el sexo, pues acababan de cumplir ambos los 18 años. Pero entre ellos era la primera vez. **Ella piensa;** El cree que soy (quintito o virgen) señorita y como ya estoy tomada voy hacer presa fácil para que el me viole, pero en cuanto entremos al cuarto del hotel me voy a poner agresiva y lo amenazare y volteare la situación lo voy a golpear para violarlo y que no le diga nada a su familia porque piensa violarlo por mucho tiempo hasta que el acepte y se case con ella.

El piensa; Yo sé que ella ya no es señorita, pero de todos modos la quiero y pienso enlazar con ella, en cuanto entremos al cuarto del hotel voy a practicar la posición que me gusto con la otra, me sentare a la orilla del sillón y le diré que se siente encima de mi sexo y es para que se atore y no se caiga y disfrutemos los 2 en esta posición. Y así le pediré que acepte casarse conmigo.

Aquí no es un acoso sexual hasta que no se consuman los hechos y si se hace ¡Esto es un delito y se va directo a la cárcel!

Modo de revisar al novio o a la novia por una enfermedad.

## SEXTA OPCION
### Es acoso peligroso.

Hay hombres y mujeres con piernas muy gordas o musculosas y cerradas y al hacer mucho ejercicio estas muslos se empiezan a rozar donde se frotan sale una llaga, haciéndolos caminar con las extremidades abiertas como si fuera un niño que estuviera cagado o el caminado de vaquero o de horqueta, teniéndose que bañar inmediatamente en un baño privado para el servicio del publico. El insiste que quiere entrar solo al baño para asearse, ella dice que no quiere quedarse sola afuera mientras el se baña.

Y ya adentro el se desviste y ella ve el gran área rozada de las piernas, y ella también se dispone a bañarse, el se enjuaga en la parte afectada levantándose los testículos y ella le vio la vejiga colorada ya casi para reventar y ella le dijo; yo tengo un aceite para que te alivie un poco lo rozado y el dolor, le levanto su bolsa y órgano sexual y se lo unto en la parte rozada, lentamente y el se quejaba ¡hoouuugguuaaauuu, pero aquí ignoramos el por jadeaba., era porque lo lastimaba o porque disfrutaba de la mano y curación de su novia que le sobaba toda el área con abnegación y cariño de mujer.

Aquí no podría ser un acoso sexual porque ella se apiado de el, al verle que sufría por lo rozado y lo hizo por humanidad y buen corazón y no habría delito que perseguir hasta que no vuelvan a ir a la regadera de servicio y se repita esta acción por 2da y 3era vez.

Y se va a la "cárcel" por chantaje, premeditación y ventaja.

Modo de revisar al novio o a la novia por curiosidad; Y en público.

## SÉPTIMA OPCION
### Presentación irreflexivo.

Estas parejas aprovechan el transporte de servicio público cuando va el pasillo lleno de pasajeros en el autobús y hay muchos movimiento de ellos parados, para ellos recargarse contra su pareja para que ella sienta su miembro bien duro y fuerte y también ellas mueven sus caderas quebrando su cintura para atrás y amortiguando todos sus empujones que ellos originan.

Aquí hay acoso sexual de los 2 y es un delito por exhibición sexual y se va al Juez con pena y multa económica y en todos los acosos sexuales.,

¡Mas vale prevenir que bautizar!

¡Nunca acose o se paga con cárcel por abuso y violación!

Modo de revisar por compasión de unas buenas samaritanas

## OCTAVA OPCION
### Devoción femenina

En un centro comercial un hombre va al baño para hacer de sus necesidades fisiológicas y todos los hombres salen muy rápido del sanitario. Y otros hombres entraban y luego salían muy pronto diciendo unas incoherencias y otros diciendo maldiciones porque ellos no se animarían hacer eso. Y después de un rato el hombre que causo tal consternación salio del baño de los hombres y se dirigió al sanitario de las mujeres a pedir ayuda ya que el hombre no tenia brazos y solo quería orinar. Y al entrar al sanitario femenino de inmediato recibió ayuda de su novia. O quizás de otras mujeres ya que ellas tienen la experiencia de bajar el cierre del pantalón del hombre y sacar el pene y dirigirlo hacia un lugar determinado, sacudirlo, acariciarlo y volver a regresarlo acomodándolo en el mismo lugar de donde lo sacaron.

Ya que ellas tienen bastante experiencia y saben como moverlo y manipularlo aunque no haya luz.

**Aquí no hay acoso sexual,** ni delito que perseguir y todos son declarados inocentes por que **¡El estaba manco de las 2 manos!** y ellas humildemente se apiadan de buen corazón haciéndole el favor por **devoción femenina** ofreciéndole sus servicios cada vez que el hombre quiera orinar.

# CAPITULO 5

Tengo que aclarar que el acoso sexual es practicado el **90%** por las mujeres con premeditación, el **9%** por hombres con iniciativa y el **1%** por hombres con malicia.

En una encuesta se informo que el **99%** de las mujeres perdieron su virginidad voluntariamente antes de los 20 años; o enamoradas con promesa de matrimonio o por calientes acosando al hombre.

** El 30% de las mujeres practica el sexo oral con el novio acosándolo **(Lactándoselo)** todas las noches cuando el va a platicar con ella. **Aquí no hay derechos iguales** entre la pareja de novios. Y si ella no le ha apretado las bolas con la mano es porque ellos no se han bajado el calzón por vergonzoso y así la novia pueda moverlos y apachurrarlos con cariño y antojo.

**Además acusamos** a todas las mujeres del mundo. Dicen ser **maltratadas y golpeadas** con la bolsa de los testículos. Y ellas se defienden abriendo más sus extremidades y acorralando los huevos entre su vulva y golpetearlos hasta sentir el semen saliéndosele del hoyo vaginal. **Y ellas igualmente dejan, el pene guango y muerto.,**

**Y muerto puede que su alma pene, por eso las acusamos de abuso sexual contra el hombre.**

Un 40% de mujeres practica el sexo con sus novios.
> > > > > > > > > > > > Todo para agarrar experiencia.
Y el 10% con sus amigos y con el novio no.
Y el restante 50% no dijo nada por;
Vergonzosa.

**El 99.99%** de las mujeres votara el 9 de marzo del 2014 dia mundial de la liberación de la mujer, por llegar al matrimonio con la experiencia de tener la cabeza del pene hasta el fondo del hoyo vaginal sin limite de tiempo. Y haber ordeñado el semen a varios hombres sin límite de dosis y orgasmos y llegando sin ser vírgenes al igual, como llegan los hombres al matrimonio. Sin castigo de la sociedad y las 2 o 3 autoridades;

**Igualdad en derechos entre hombres y mujeres.**

Lo respalda guía y convenios y 3 en pareja, teniendo derechos civiles y apoyando derechos humanos de las Naciones del Mundo.

**El 98%** de las mujeres son las que acosan al hombre pidiéndole al novio;

**¡Que se casen con ellas!**

Que tanto **%** de hombres y mujeres solteros (as) hace el amor en la casa de sus padres y en cualquier momento con amigos, (as) novios (as), parientes y vendedores de puerta, implementos de cocina, productos de belleza, el que cobra la renta, el que les fía, el vecino (a) o los amigos (as) de los hermanos (as) o que van a la esquina con una amiga, que se les olvido algo.

Que van rápido a la tienda o que se sienten mal porque su novio (a) o esposo (a) se fue a trabajar a otro estado o país, o que se le subió la presión y tiene calentura por dentro etc,

etc. y mil pretextos mas.

**Solo el 1% la que es pedida a los padres de ella para casarse.**

**El otro 1%** de las mujeres cuando salen de nadar del rió, playa o alberca y así en traje de baño de **Bikini** se sientan jugando encima del novio para.

**¡Orinarlo y Embrujarlo!**

de por vida. El siente el corriente urinario bañando su cuerpo calientito y dejándolo perfumado del humor de ella.

El se queda pasmado de lo que paso, imaginando de donde salio la orina y si esta mojada su vulva, clítoris y labios superiores y se la quiere secar;

¡Quedando embrujado por ella!

A veces quedando la costumbre en ellos y entre la pareja solo se escucha;

**¡Hay córrele que ya me ando;**
**Orinando!**

\*\* El otro 70% se divide entre estas mujeres.

Las mujeres acosan a los hombres ofreciéndoles que vean o tienten sus pechos, les dicen que compraron una cadena de oro con 2 medallas y la traen bajo su blusa y al abrir su blusa prácticamente le enseñan sus pechos y le dicen que agarre las medallas y le digan si son buenas y a veces ellos caen en tentación y se equivocan y agarran los medallones de sus pezones.

Otras se dejan agarrar cualquier parte de su cuerpo. Su ropa es solo un vestido y suéter pero sin fondo, sin brassier y sin pantaletas, ellos parecen pulpos agarrando todo esto y tenerlos tontos y no vean que es un truco para idiotizarlos más y les dicen verbalmente que quisiera estar en esos momentos en la cama para estar mas cómodos. O estar así todo el fin de semana. O que le sobe las piernas porque tiene un desgarre muscular y le ponga las rodillas en los hombros o pasara torcida así toda la noche. **El sufre de trastorno mental., de idiotez mental.**

Y otras cuando las tienen casi en posición de penetrarlas ellas le dicen al oído que; Quisiera que **me tronaras los huesos en la cama** porque estoy cansada y quiere que le moje el pelo de abajo.

Aquí hay triple acoso; una con el cuerpo y manos y el otro acoso es verbalmente trastornándolo mentalmente. **Y sufre el hombre de crisis masturbándose.**

Y otras cuando están abrazadas platicando con su novio y ven o lo sienten que lo tiene bien parado, ellas recargan su monte de Venus (Pussy o pucha) en el sexo del novio para saborearlo por encima del pantalón y les dice no te despegues por favor ¡Haaa! y se les hace agua la boca mordiéndose los labios o besándolo apasionadamente. Y a la misma vez paran sus pechos contrayendo su espalda para adelante, poniendo el pretexto de que están cansadas por trabajar mucho y le dice al **¡Oído!** Que quiere meterse a la cama para jugarse su vulva y abrir los muslos para despegarse los labios vaginales y soñar con el calientita y desnuda agarrándose los pechos y delirar con el.

Aquí hay acoso corporal y acoso verbal y esto es un delito **(un delito muy malo) porque provoca disturbio mental y corporal., y Espinillas.**

***

Por eso las autoridades deben actualizar las leyes de la constitución para evitar, discriminación, racismo y violaciones a las mujeres, los homosexuales y lesbianas y **los tres en parejas** ya no serán señalados por la sociedad dándoles a ellos derechos y tranquilidad en donde vivan, **y terminara., ¡La fobia contra ellos!** pudiendo ellos demandar a quien los insulte y los agresores serán castigados como un delito menor y una buena multa económica.

# CAPITULO 6

Las leyes para las nuevas parejas de los homosexuales, lesbianas y tres en parejas les dan obligaciones a todos lo cual tienen que cumplir y todos deben aprender saber utilizar más su, **sexo delantero, trasero, manual y bucal sobre la cama.**
**(Como lo mencione anteriormente)**

Es una vergüenza que los últimos hombres cavernícolas neandertales o los primeros homo sapiens supieran saber gozar más del sexo con la mujer que el hombre actual.

**Ellos allá en África.**
**Aprendieron hacer:**
**3 cirugías muy importantes**

**La primera cirugía africana** se practicó para hacer la ¡Trepanación!

Tenían que abrir el cráneo **(con una piedra filosa de obsidiana)** de las personas para sacar el dolor de la cabeza y otras enfermedades, **(tambien usaban el mazo)** los pocos que sobrevivían quedaban como ¡Tontos! (as) y con un canal en la parte superior de la cabeza y las personas que lograban sobrevivir de milagro eran veneradas.

Ahora ya existen pastillas para el dolor de cabeza y otras enfermedades, no deje que le hagan la trepanación cirugía **(africana)** antigua porque podría quedar tonto (a) y estúpido (a) de por vida.

Jamás vuelva a decir que no quiere que le hagan el sexo, porque a usted le duele la cabeza, se esta arriesgando a quedarse como; ╪ $ ⌒ ⁂ ° con la cabeza abierta o sin vida.

Los Cavernícolas practicaron también esta **segunda cirugía africana** muy importante para el **hombre** y se ha ido heredando **de generación a generación** hasta la era actual.
**En todos los continentes.,**
Que consiste en golpear a la mujer en la boca hasta tumbarle los cuatro dientes frontales de la parte superior y de cinco a seis dientes de la mandíbula de abajo para dar la medida exacta para que no lo muerdan y no se cansen rápido.,
Todo por no abrir bien la boca;
**"Cuando lo están mordiendo"**


**Un cavernicola,** al estar cazando a un venado con su onda, fallo el tiro y le pego a su mujer en la boca y le tumbo **8** dientes de un solo golpe. Jeroglífico en la pared de una,
Cueva Prehistórica.

## Es Historia Universal.

En rancherías muy apartadas, también en pueblos y en las ciudades se encuentran mujeres de todas las edades sin dientes frontales por que así las dejo su esposo cuando el llego muy borracho. Ahora se están actualizando hombres homosexuales, lesbianas y mujeres públicas para hacer mejor su desempeño en cualquier rincón o cama. Al acudir con dentistas para extraerles sus dientes frontales para no cansarse de la boca cuando lo están mamando y en el transcurso de dos semanas, cuando las encías se desinflaman ya todos serán diferentes con dientes postizos.

Las amas de casa y los esposos tienen triple competencia o se actualizan o sucumben.,
Es mejor que jueguen;
**¡A la boca grande!** Los 2 con su pareja.
Evite el dolor de la mandíbula y lengua, sáquese los dientes y protéjase

¡Ante estos enemigos mortales con una sonrisa sin dientes!

## Mamando más tiempo y sin "Dolor"

**La tercera cirugía africana;**
**¡EL MOTIVO MÁS IMPORTANTE!**
**Por la cual el hombre se mata. Y tambien se doblega.**

Para el hombre cavernícola fue la de amputar 1 o los 2 dedos y el costado hasta la curva de **1 o de los 2 pies,** para que sus mujeres al caminar lo hicieran chueco con paso desnivelado y así fruncieran **¡Sus nalgas, vulva, músculos del vientre y su hoyo vaginal!** y así desarrollar sus músculos vaginales para dar mas placer a su esposo o compañero cuando estuviera la mujer con ellos acostados en el sácate.

**Es el motivo más importante.**
**Las contracciones vaginales de la mujer.**

**Por el cual los cavernícolas perfeccionaron trampas de cazadores en el piso, que al ser pisadas, se cerraban lastimando o fracturando el pie de sus presas, enemigos, amigas o esposas.**
**Y las mujeres cavernícolas contrarrestaron escribiendo jeroglíficos muy antiguos en tablas de arcilla y en papel de papiro el cual advertía;**
**¡Cuidado., fíjate donde pisas!**
**Actualmente ponen en todos los negocios. "Piso mojado"**

**Las contracciones vaginales es un ejercicio,** figurado en español es el ejercicio González, porque es el que (Goza) cuando el pene entra y (zález)
**P.D. Un hombre hispano llamado Gollo Cárdenas, cuando estaba violando a sus victimas, las apuñalaba, ahorcaba o las degollaba para sentir las contracciones vaginales de sus victimas moribundas. Nota; otras personas les hacen cosquillas.**
**Esto sucedió en México en los años de la expropiación petrolera.**

**En estos tiempos no hay necesidad de matar o de amputar los dedos o el costado de afuera de los pies o hacerles cosquillas.**

Solo basta que ellas estén **frunciendo** sus nalgas y su hoyo vaginal a cualquier hora del día y enfrente de cualquier persona.

## ¡YA QUE ESTE MOVIMIENTO ES INTERIOR!

## NO SE VE, PERO ELLA SI LO SIENTE.

Puede estar delante de sus padres y ella lo aprieta y lo afloja 3 veces por cada 5 segundos, cuando esta con su novio, con sus amigas y amigos, en la iglesia cuando esta rezando, en la escuela estudiando o ella esta trabajando, o viajando en un avión o autobús de pasajeros estando parada o sentada, acostada o en un velorio o este hospitalizada y mascando el chicle haciéndolo lento pero fuerte, también se puede hacer una ves por segundo, en 10 minutos serian 600 veces, en 20 minutos lo doble es un buen **¡Ejercicio vaginal!**

Y cuando hagan el amor con su hombre el va a creer que lo estarán haciendo con otra mujer, lo doblegaran y al dominarlo e idiotizarlo porque el va a sentir aparte de gozar del sexo que ya había gozado antes con su compañera, ahora las nuevas contracciones vaginales de ella, (entre la plebe se llama mascando el chicle) el sentirá como ella se lo apachurra, se lo aprieta para exprimírselo mas cuando el le transfiere el semen al interior de la vagina y despacio ella le da su masaje de lujo.

El jamás ya la va a engañar con otras mujeres evitando el **divorcio para no perderla a ella y a sus hijos** y las otras mujeres se le van hacer **desabridas.**

Ahora entienden muchos hombres y mujeres el porque algunos hombres se casaban con mujeres de pata corta, pie chueco o pata volteada o séme invalidas usando muletas.

## ¡Con que hagan este ejercicio!

**Ellas se aseguran de no ser degolladas o que las atropelle un carro** o un tren, o pisar una trampa de cazador, dentro de su propia casa o en **1 dia de campo o pisar aceite en el camino,** para que le amputen una pierna, porque podría ser fatal el accidente y podrían hasta morir.

**De gangrena o quieren la de Gollo.**

Actualícese y no deje que le quiten a su hombre otras mujeres y hombres homosexuales, practique este ejercicio vaginal, **y sea una nueva mujer en su cama.,**

"Perdón en su casa" **Y**
**¡Haga su propia lucha en la, Cama!**

# CAPITULO 7

Hago una pequeña historia.,
De algo que pasó en una lujosa mansión cercas de Nueva York.

Allí se hizo una competencia en la que participaron bellas mujeres, se pusieron monedas de oro y de plata paradas en pedazos de pan y ellas se tenían que agachar para agarrar las monedas con la trompa de su hoyo vaginal y entre mas monedas agarraran la ganadora se llevaría; 15 Centenarios de Oro y lo que también hubieran acarreado hasta la meta con espejo. Y al ver tal recompensa del;

## ¡PRIMER LUGAR!

De 15 centenarios de oro y del segundo lugar de 10 centenarios de oro y el tercer lugar 5 centenarios de oro y tres centenarios de oro para el cuarto lugar.

**Que hasta señoras del público y jóvenes, Vírgenes se ¡Animaron a participar!**

Las Señoras porque unas sabían utilizar su orificio vaginal.

Las Señoritas porque estaban bien cerradas y tenían más presión. Señoras vs. Señoritas.

Y los jueces no tuvieron más opción que aceptarlas ante tanto.,
**¡Jubilo del Público!**
**¡Y se hizo esta pequeña olimpiada!** donde corrían las mujeres sin pantaletas muy contentas con sus monedas de oro y de plata, **¡En la trompa vaginal!** y se tenían que agachar para dejarlas en un espejo.

Se tomaron muchas fotografías para dejar imágenes insólitas de lo que sucedió en esa contienda cuando se agarraban las monedas de oro y de plata de los panes y se dejaban en los espejos. **Doble imagen tridimensional.**

Existen más de 600 fotografías de 12 MEGA PIXELES, imágenes vivas de vulvas de diferentes color de piel, tersura y carnosidad y tamaño del clítoris, vulvas gordas, jetonas, delgadas y abertura del hoyo vaginal, aceitosas, tambien de pelo chino, lacio, ralo y lampiñas en esta mansión para recuerdo de este enfrentamiento entre las mujeres todo por unos cuantos;

## ¡CENTENARIOS DE ORO!

Calificación para los cuatro primeros lugares.

**Cuarto lugar;** 3 centenarios de oro.
No se menciona el nombre para proteger su
"Virtud" es soltera
Mujer escandinava 1.79 de altura, 69 de peso, edad 20 años.
Se piensa que era **señorita, (virgen del hoyo vaginal)**
No nos atrevimos a preguntarle nada de su presión., Es intimidad.
Gano 3 centenarios de oro y 12 monedas de oro y 6 de plata. En 15 minutos.

**Tercer lugar;** 5 centenarios de oro.
No se menciona el nombre para proteger.
Su "Decencia"
Mujer hispanoamericana 1.71 de altura 77 de peso, edad 26 años.
Gano 5 centenarios de oro, 14 monedas de oro 6 de plata, tiene 7 años de casada con 3 hijos. Record en el mismo tiempo.

**Segundo lugar;** 10 centenarios de oro.
No se menciona el nombre para proteger
Su "Honor"
Mujer europea 1.80 de altura, 87 de peso, edad 33 años.
Gano 10 centenarios de oro, 17 monedas de oro 5 de plata.
Tiene 14 años de casada con 5 hijos.
Tiempo 13.55 minutos.

**Primer lugar;** 15 centenarios de oro.
No se menciona el nombre por ser la # 1
En su "Nobleza"
Mujer americana 1.79 de altura, 96 de peso y edad 40 años.
Gano 15 centenarios de oro, 20 monedas de oro 7 de plata.
**Con 22 años de divorciada con 8 hijos.** Tiempo 11.4 minutos.

Esto demuestra que entre mas usen su cavidad vaginal y den mas contracciones ellas tendrán más agarre y más presión en esa rajada, en esos labios inferiores o ese ojo de gata.

En esta contienda las otras 30 participantes acarrearon menos monedas que el cuarto lugar tenían una edad de entre 19 a 24 años de edad. 10 eran estudiantes de diferentes universidades y las otras 20 tenían poco de casadas y muchachas solteras que les gustaba vivir, pero ninguna perdió porque todas agarraron monedas de oro y de plata con su orificio vaginal.

Pero las vulvas y orificios vaginales que allí se enseñaron y tomaron fotografías dieron a conocer diferentes formas, colores y creo que hasta sabores de diferentes vulvas y orificios vaginales para el mejor probador de este elixir sexual, vino, fuente de la juventud.

También a estas 34 participantes se les entrego un cuadro de honor y su nombre escrito con letras en tinta de oro por su participación en este torneo, (DIPLOMA) y junto con sus monedas todas ellas se fueron felices a sus casas con su reconocimiento y **una foto con un,**

## Centenario de oro en el,
## "Hoyo vaginal"

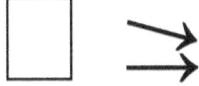

De los espectadores muchos les pidieron sus **autógrafos a las participantes., y sus # de teléfonos., privados tambien.**

**Busquen ahora en el cuarto de su esposa, hermana,
pariente, hija, amiga, novia o de su "Mama"
Quizás puedan encontrar ese,
Diploma, foto y;**

**¡LOS CENTENARIOS DE
ORO!**

Tres compañías de televisión están tratando de hacer programas de adultos de esta competencia por PPV en ciudades; **Como en Los Angeles, Ca. En Las Vegas Nevada y Nueva York.** Pago por evento y otros deportes.

Seria interesante ver este torneo de agarre y lanzamiento de monedas con el hoyo vaginal, a nivel mundial en diferentes países y definir categorías de profesionales.

Y conoceremos más de estos hoyos desconocidos de otros países, hoyos negros, hoyos blancos, hoyos tapados, hoyos pálidos, hoyos rosados, hoyos rasgados, hoyos cenizos, hoyos trompudos, hoyos nuevos (vírgenes sin ser penetradas) y el hoyo polaco-la (Trasero) ese se va a ver gratis y sin pagar nada.

# CAPITULO 8

En leyes y convenios hay cláusulas especiales para todos estos matrimonios y hay prohibiciones y obligaciones que les dan y cubren a las cinco parejas.

**#1** Parejas normales de un hombre y una mujer.
**#2** Parejas de lesbianas, mujer con mujer.
**#3** Parejas de homosexuales, hombre con hombre.
**#4** Pareja de tres, dos hombres y una mujer.
**#5** Pareja de tres, dos mujeres y un hombre.

## PRIMERA PROHIBICION

Para todos los hombres y mujeres que están estudiando preparatoria o una carrera en la universidad tienen prohibido casarse, el hombre con 2 mujeres y la mujer con 2 hombres.

Porque perderían mucho tiempo en la cama atendiendo sexualmente a sus esposos o a las esposas y como son 2 es doble tiempo y más el descanso entre uno(a) y otro(a) y si repiten otro coito doble, no les alcanza el tiempo para ir a estudiar y trabajar.

Esta estrictamente prohibido para todos los estudiantes de la preparatoria tener 2 novios (as) y también que sean menores de 18 años según lo estipula;

Las nuevas leyes y convenios para todas las nuevas parejas.

## SEGUNDA PROHIBICION

Para todos los hombres y mujeres que tengan una enfermedad continua nerviosa o muscular o que este delgado (a) ya que puede desarrollar otras enfermedades y además de anemia o leucemia por la

## ¡Alta actividad sexual!

Si usted tiene 2 esposos (as) o un amante extra.

Pruebe estos consejos prácticos para ayudarse en el **sexo.**

**Varié su alimentación;** consuma **jugos, licuados y batidos,** frescos preparados en su casa y ser tomados en ese momento. Hágalos variados de frutas verduras o combinados, raíces, cáscara u hojas color verde oscuro.

Puede agregar guisantes, semillas, miel, raíces y almendras a los batidos y licuados.

Enfóquese tambien en jugos cítricos de frutas frescas.

El sobrante de los jugos de frutas, verduras, licuados y batidos tirémoslo, no los guarde en el refrigerador ya que se oxidan después de 8 minutos de preparados y pierden sus propiedades.

## ¡Vitamínicas y curativas!

Consuma frutas congeladas o secas de otra región o países.

Tambien consuma al menos 3 onzas de cereales, pasta, panes o galletas, arroz, frijoles, **carnes** magras, pescado, mariscos, aves y productos lácteos descremados y tomar algo de esto al dia.

Al tomar 1 vaso de jugo de diferentes verduras, bulbos (raíces) y semillas o frutas 4 veces por semana, aseguras que tu cuerpo aproveche los beneficios de las vitaminas y minerales dándote protección antioxidante en las células contra las bacterias.

1 dosis tomada. 12 FL. OZ. (355 Ml.)

Ingiera 4 o 5 vasos por semana. No tome demás se pueden intoxicar o dar diarrea y descanse por 2 jugos por semana y vuélvalo a subir a 5 semanal.

Estos jugos contienen;

Vitamina A. Vitamina C. Vitamina D.

Vitamina E. K, K2. Tiamina. Y les puedo seguir mencionando de mas vitaminas y minerales como Riboflavina, Niacina, Vitamina B. B1, B2, B3, B5, B6, B12. Calcio, Acido Fólico, Hierro, Fósforo, Yodo, Acido

Pantotenico, Magnesio, Zinc Selenio, Boro, Cobre, Manganeso, Cromo, Folato, Potasio, Sodio y muchas más.

Sus propiedades, evita o retarda el cáncer y enfermedades alargando mas su vida y sexo y retrasando su envejecimiento corporal, le da mas producción de energía y buen funcionamiento del metabolismo celular, hormonal, sistema muscular, salud inmunológica, tiroides, prenatal, cardiovascular, le da salud a la piel, controla y baja el peso y el colesterol., y disminuye los dolores premenstruales y premenopausia, ayuda hacer huesos sanos, fuertes y nervios a una contracción fuerte.

Los jugos son diuréticos, astringentes con ácidos sulfurosos. Aumenta la actividad del hígado y los riñones y da poder antioxidante para la protección contra los radicales libres a causa por el exceso de; trabajo, ejercicio y sexo.

Apoya al cuerpo, al cerebro y sistema nervioso, pulmones y mantiene el flujo sanguíneo normal. Y puedo alargar la lista de beneficios que nos proporciona a los demás sistemas de nuestro cuerpo evitando o calmando nuestras enfermedades. Pero si usted., **es un holgazán y le da flojera lavar el extractor de jugos,** mejor cómprese un frasco de multivitaminico en polvo o en tabletas y tómese 1 o 2 tabletas o cucharadas al dia para estar sano. Pero el rendimiento es un porcentaje quizás menor que al de los jugos de **hierbas, raíces, verduras y frutas**.

No espere usted y busque a compañías que ofrecen; multivitamicos, multiminerales, concentrados y fitonutrientes.

## Aclaro, es una sugerencia.

Hay cercas de 10 compañías nacionales para que tome una mejor opción.

## El ultimo consejo en comida.

Consuma aceites de pescado y carne de bacalao y tiburón, cangrejo, camarón es =sulfato de condoitrina y sulfato de glucosamine. Te ayudan a producir líquidos nutritivos en los tendones, ligamentos, cartílagos y el líquido que te rodea las articulaciones y es para que te **puedas mover en la cama, cuando estés haciendo la chaca chaca y no te duela la nuca y base de la espalda por cortejar mucho en una noche.**

Haga actividad física o un deporte para fortalecer a su corazón y mente; ya que estos 2. Son de vital importancia a la hora de **(amar y mamar = 69)** traducido en cualquier idioma;

### = hacer el sexo.

# CAPITULO 9

El hacer el sexo hace perder muchas calorías al cuerpo bajando de peso principalmente las mujeres, lo cual se recomienda que ellas tengan una buena alimentación y tengan unos 7 a 8 kilos de sobre peso para que no queden desnutridas y no parezcan momias embalsamadas por absorber tanto semen y hacer demasiado sexo con sus 2 esposos.

Se recomienda la edad apropiada para los tres en pareja, en caso de que.

¡ELLOS >NO< SEAN ESTUDIANTES!

La esposa de 18 a 23 años; ellos los esposos de 24 a 29 años.

Ella es mas joven porque lleva mas desgaste físico y sexual en la cama con los 2, en la ventana, de espaldas y recargadas sobre la pared y pisando el primer escalón de la escalera o ladrillos, en la orilla del sillón, orilla del barandal y cogiendo toda la noche y en la mesa de la cocina, en el patio tomando el sol o bajo de la regadera del baño a gatas y el mañanero para que ellos se vallan a trabajar relajados.

O si ellos tienen tiempos de trabajo diferentes, ella se la pasa todo el día atendiendo sexualmente al esposo en turno.

**Cuando el esposo va a miar** y regresa con ella y la mira a gatas tendiendo la cama.

**El ve la vulva mojada y por la grieta escurriéndole baba vaginal mojándole las piernas.,**

Que aparenta esto.
- **A)** Quiere mas porque quedo caliente.
  Espasmos de orgasmos.
- **B)** Estaba tendiendo la cama porque es.,
  **Hogareña.**

**C)** Esta a gatas porque quiere ser penetrada por el **ano.**

**D)** O le faltaba 1 de las 4 pussy-ciones más, 1 de perrito, 2 de toma salvaje, 3 de chivito al precipicio, 4 de lavadero móvil.

**Cuando la esposa va a miar** y regresa con el y lo mira, rascándose y apretándose desde atrás de los testículos (donde nace el pene) y la ve bien parada y deliciosa y por el orificio del pene saliéndole lubricante. Baba masculina seminal.

Que significa esto.

**A)** Quiere que ella se siente en coliquillas para el verle su orificio vaginal, cuando ella arrastra su vulva sobre testículos y pene.

Use su imaginación.

**B)** Quiere que lo masturbe y se lo, (mame) hasta los testículos.

**C)** Quiere que ella practique sus contracciones vaginales.

**D)** El quiere resistir una o dos tronadas de pene cuando se la tenga bien sumida en su hoyo vaginal.

¡El semen es adictivo y hace más hábil a la mujer para moverse en cualquier posición erótica en la cama y a ella la hace más sensual sin pudor e inteligente!

Y el esposo de 19 a 23 años; ellas de 22 a 28 años. El debe ser el mas joven para satisfacer a sus 2 mujeres. El a esta edad esta muy resistente y fogoso y puede satisfacerlas a las 2 fácilmente y agarrarlas en cualquier lugar de la casa pero lleva mas desgaste físico y se recomienda que ellas sean las que trabajen. Se recomienda asearse la parte usada después de cada coito.

Candidatos fáciles para formar tres en parejas son;

Hombres y mujeres divorciados, viudos o que hubieran perdido su inocencia a temprana edad. Con comprobante de acta de policía o doctor y certificación de los padres con carta de notario y sigan teniendo uso de sexo de uno a dos años de experiencia. O simplemente que cualquiera de ellos que quieran formar los 3 en;

**¡PAREJA! = TRIPAREJA.**

# PRIMERA OBLIGACION

Las leyes y convenios dan derechos y obligaciones a todas las mujeres y a ellas les obliga que antes de casarse ellas, practiquen ¡Gimnasia! durante su juventud para protegerse y no salgan lastimadas a la hora de casarse y no batallen en las posiciones en la cama, cuantas de ellas se quejan que casi les despegaron las piernas en el día de su boda (Pies en la nuca) y andaban renqueando al día siguiente. No porque perdieron su virginidad, era porque nunca habían abierto de esa manera las patas y esa vez se las apartaron de tal forma como si fueran,

**¡Las mejores gimnastas del mundo!**

**¡En los juegos olímpicos en la cama!**

**Y participando en pelea personal. Técnica oriental de te la ¡Sumo! Y lucha libre., de ropa y salto del tigre o del ropero sobre la cama.**

Ellas tienen que actualizarse y cumplir con las leyes y convenios de parejas.

En leyes y convenios y 3 en parejas;
Se recomienda dos precauciones y tres consejos.

Primera Precaución
Se debe de tener cuidado con la posición de pies en la nuca ya que ella puede salir lastimada al penetrarla mucho y el hombre tendría forzosamente abstinencia sexual hasta que ella tenga una recuperación total. Se recomienda talla mediana o larga en cualquier posición o si es EXTRA LARGO póngale argollas o amárrele un paño al pene para que tope.

El perrito no lo va a morder si se siente golpeado, penetre despacio y quédese quieto y si al perrito le agrada- trompa del útero o Matriz- el lo va a morder en la cara del pene orificio uretra y si no lo muerde no se sienta, no tubo la suerte de tener perrito ya que este movimiento es involuntario, la mujer no lo controla. **Pero tiene el ejercicio vaginal,** las contracciones vaginales voluntarias de la mujer.

Segunda Precaución
El hombre debe de tener precaución de no penetrar tanto a la mujer, por que si ella tiene piedras en el riñón o en la vejiga, el glande podría ser descalabrado.

Primer Consejo
Se recomienda a la pareja no precipitarse el que mucho abarca poco dura y para no lastimarse los dos, nada con exceso todo con medida. (El tamaño regular siempre encuentra al perrito por que no lo lastima)

Segundo Consejo
Para el hombre y la mujer todo lo que hagan o siembren desde su juventud desde los 15 hasta los 44 Años, cosecharan de los 45 a los 60 con su cuerpo o la vejes.

Una recomendación.
Para vivir fuerte y sano hay que empezar hacer el;

**¡Amor desde temprano!**
**¡Aunque sea por el ano!**

Se le puso el nombre el **¡mañanero!** cuando grandes imperios iban a otros reinos más chicos a; capturar chicas malas y chicos buenos o prisioneros para que estos les construyeran las primeras pirámides.

Y estos hombres y mujeres como trabajan desde antes de que saliera el sol y regresaban hasta al anochecer. Y ya en la noche descansaban sexualmente con su pareja los que tenían y los que no, se masturbaban y otros se metían con su amigo., **El chico temido,** antes de que llegaran los soldados.,

**Ellos se echaban;**
**¡El mañanero!**
**Antes de irse a trabajar a,**
**Las pirámides.**
**Esto es una historia**
**cavernicolamentemente real.**
**¡Aunque usted no lo crea!**

# SEGUNADA OBLIGACION.

Es un requisito para todas las mujeres que antes de casarse ellas hallan practicado también las contracciones vaginales por lo menos un año antes de su boda que es el ejercicio González porque goza cuando el pene entra y zalez. Asegurando su felicidad y su matrimonio de por vida. Teniendo la oportunidad de conseguir un segundo esposo por saber hacer; cualquier ejercicio de gimnasia en la cama ejemplo, taparse los oídos con los dedos de los pies y ¡Alto pies en la nuca! y en estas posiciones tener el dominio de las contracciones vaginales.

El hombre no pone objeción ante el nivel de gimnasta profesional que tiene en casa.

Porque hay varios niveles:

LOS APRENDISES; Es la mujer que no tiene experiencia y su compañero no la sabe motivar. Ella aquí va a perder su virginidad con dolor porque el hombre, solo lo quiere meter hasta adentro en cuestión de unos segundos sin poder lograr su propósito intentándolo 1 o varias veces el mismo dia. Otros lo logran en 2 días de penetrar ese hoyo virgen vaginal. El debe ser el maestro y ella la alumna y deben aprender hacer su tarea juntos.

**\*\*\*\***

Nota muy importante.
Si ya logro penetrar, a la siguiente ves cuando hagan el amor, penetre con cariño o precaución porque esta recién abierta, despacio y con muchas caricias (úntese crema o aceite en las manos con aroma agradable) para que las manos resbalen sobre el cuerpo y hagan

presión aumentando el placer sexual. Ella participa flexionando una de sus piernas para arriba sosteniéndoselas con una mano. Esta acomodándose en posiciones sexuales para hacerse experta, uno de los 2 puede cooperar poniendo 1 o las 2 almohadas para levantar sus caderas de ella y practicar otra posición mas desconocida para ella y ser penetrada mas profundamente.

La mujer que tiene algo de experiencia o ya este casada, puede flexionar su cintura haciéndolo constantemente y sumir su vientre, sacando su vulva, poniéndosela mas de frente, para que penetre el con mas facilidad y profundidad, despertando en la mujer el movimiento mas sensual en contra golpear cada embestida, cada empujón que el le da y ella tambien le da empujones, dándose los 2 un rico paseo corporal. Y con este movimiento ellos pueden viajar a otra dimensión a través de este hoyo remolino, túnel de tiempo y de placer., **Y llegar a un paraíso acostados., cogiendo sobre la cama.**

POR VERGUENZA; Es la mujer y hombre que solo cooperan de ves en cuando en cierta posiciones y juegos con espejos y la luz encendida, limitándolos a no subir de nivel, es un error los ojos del hombre solo sirven para ver el rostro de gozo que ella hace y así el poder darle por ese lado que ella esta disfrutando para tener un orgasmo; ¡Los ojos no están disfrutando ni haciéndole daño!

LOS EXPERTOS; Es el hombre y la mujer que están a la expectativa; ver como lo esta haciéndole su compañero y ella acoplarse al movimiento de el sin perder el paso y hacer carisias y movimientos ondulares para que él sienta el hueso de la pelvis, cadera, cintura, pechos y sus suaves movimientos (ella aquí puede dar su virginidad sin sentir mucho dolor y en cuestión de 1 hora ella ya esta sintiendo el pene hasta el fondo de su vagina topando la cabeza con el cuello del Útero o Matriz de la recién estrenada) de las manos a la misma vez y excitarse así hasta sudar los 2. Ella de la frente y cuello y el de la espalda, frente y pescuezo.

Dedíquese a la cara, cuello, senos, pescuezo y besos apasionados por más tiempo repetidamente y cuando ella tome aire diríjase a sus pechos como para reventárselos suavemente y chupárselos. Es importante el tratar de evitar sacarlo, solo retroceda un centímetro y avance 2 centímetros. Si ella le clava los dedos en su cuerpo es señal de que quiere que se lo meta mas y manténgase quieto y retroceda y avance repetidamente por centímetro hasta que lleguen los testículos hasta la entrada del hoyo vaginal topando con la vulva o labio superiores o los ¡Dedos! de ella en señal de que tope hasta allí y ella esta haciendo la señal de la V de la victoria porque siente ya la limada del pene en sus paredes vaginales dándose cuenta de que afuera ya no hay nada de pene. Más que los testículos de el y esta lista para prolongar más el acto sexual por varias horas. Ya dejo de ser virgen.

(Nota muy importante en estos días no lo mame el sabor a su sexo no le gustara y se enfriara su relación)

**Sea usted un profesional** y nunca deje que la mujer se limpie de lo que le mana de su orificio vaginal; y cuando la ponga a gatas usted le medirá hasta donde le escurre el aceite y semen femenino y el de usted. Me toco una joven que escurría un poco más abajo de las rodillas después de 6 horas de sexo. Ese nivel lo repetí y mejore después varias veces con otras mujeres.

Usted mida el suyo también desde hoy.
Ella se lo agradecerá.

Porque las horas mas felices de mi
vida las he pasado en la;
**¡Cama, haciendo el amor con una, nueva dama!**

LOS PROFESIONALES; Es la pareja que ambos se hacen gozar inmensamente;

Ella goza de placer cuando esta a punto de tener un orgasmo o lo esta teniendo en ese momento y se acomoda sumiendo el vientre y sacando la vulva para abrir mas su hoyo vaginal. **Porque su vagina en este momento es sensible y** siente cuando la **papada de la verga se inflama** para eyectar casi siempre 2 chorros de semen y **ella gimiendo porque la baño por dentro** y lamiéndolo satisfecha de puro placer.

Y ella también puede cooperar para que **el grite;**

# CAPITULO 10

## ¡Grite como una mujer!

Hay tres pussy-ciones en que él grita como una mujer y son.
**2** de mucho placer y **1** de dolor cuando ella le aplica la;

## ¡TRONADORA!
## Tronándole el pene.

La primera posición casi toda las parejas la practican pero de todos modos la explico para que la ejerciten y la aprendan todos los principiantes. La llamo posición de avestruz asustada, ella acomoda su cabeza entre la sabana o la almohada quedando bien empinada, y el hombre solo introduce su pene pero sin moverse ni un solo centímetro solo hasta el pescuezo y ella como si estuviera asustada se lo agarra a mordidas con su trompa vaginal, aquí es un buen momento para que ella practique las contracciones vaginales y el sintiendo sus encías de esta boca sin dientes, labios inferiores y hoyo vaginal, sentirá como las encías se resbalan a través de su pescuezo y cabeza y el grita de placer y él encorvando su cuerpo como.,

¡Palomo real! para empujar y descargar su semen dentro de ella.

La segunda posición el se acomoda boca arriba y se pone una almohada o dos en sus nalgas (esta posición la practican mucho todas las mujeres) y ella se pone en coliquillas introduciéndose todo el pene hasta que el sienta, como ella arrastra su vulva desde donde nace el pene, atrás de los testículos y moviéndole los testículos hasta casi sacarse el pene para echarse en reversa ella, para el sentir otra vez como se arrastran los pelos y labios vaginales superiores o vulva de la mujer en contra de su pelo, pene y testículos del hombre y gritando el de placer como mujer, gracias a esta (pussy-ción)

(palabra en ingles y español)

Esta posición es un poco difícil para la mujer ya que necesita el apoyo de una pared o de las manos de su hombre o de otra persona en la cama y siempre es en coliquillas ella al moverse de atrás para adelante el siente lo gordo y tamaño de su vulva acojina sus huevos y como se arrastran sus labios superiores sobre su tronco y testículos de el. **Y el aquí hace como gritos ahogados, como gruñidos de puro placer** y en ningún momento ella se debe de sentar porque cambiaria la posición a ¡Montar al toro mecánico! y las sensaciones serian para gozar ambos sin gritar mucho como una posición mas en la cama.

## La tercera posición
## ¡LA TRONADORA!

### Sinónimos.
### Quebrando el leño, el pene o el miembro.

Cuando un animal pequeño o débil se ve amenazado de muerte por otro animal mas grande y fuerte, el se tira al suelo y se queda inmóvil como si estuviera muerto y de repente se mueve cuando el se confía para huir y salvar su vida.

**Un ejemplo;** una mascota como una iguana verde criada en una casa, se le acerca un gato, o un perrito chihuahua, la iguana se queda paralizada a la expectativa y cuando se le acercan jugueteando el gato o el perro, ella de repente, **les chicotea** con su larga cola golpeándolos y haciéndolos huir de dolor.

Y la mujer actúa así cuando esta en una pussy-ción en la cual ella no puede ni contra golpear los testículos porque tiene sus rodillas contra sus hombros, esta inmovilizada y esta siendo perforada, taladrada hasta el ombligo o un riñón o hacia el costado derecho y ella inesperadamente hace un movimiento de cadera **rapidísimo. (chicotea su cadera)** hacia al costado izquierdo., tronándole el miembro adentro de su vagina y

**¡Gritando el hombre de dolor!**

Y despegándose de ella. Si es la primera ves que se lo truenan al hombre, el se lo saca para revisarlo para ver que fue lo que le paso a su órgano y haber si se le para y sigue, **funcionando.**

La mujer hasta puede estar riéndose de el porque lo derroto cuando ella estaba manipulada de los tobillos en esta posición de rodillas en los hombros **y con toda el órgano sexual masculino adentro!**
**En la Lucha Olímpica y te lo Sumo**
**Sobre la Cama.**

Ella chicoteo su cadera para un lado igual como le hacen las iguanas cuando se ven amenazadas por otro animal.

El hombre vuelve a la cama para seguir **masacrando** a la mujer pero ahora con más precaución cambiando de posición.

**Ella se hace la sufrida** pero es lo que más le gusta a ella que la pongan en posiciones muy difíciles
Cuando se lo truenan por segunda vez, el grita y queda inmovilizado por unos segundos y continua con la **pene**tración.
**El hombre al huir para revisar su pene o quedarse inmóvil, esta demostrando lo contrario de un Hombre Valiente, de un Macho.**

Unos dicen que el hombre no solloza, otros dicen que el hombre es el soberano, ✉ pero basta las carisias, el calor y las sobadas de la vagina en el pene y unos besos de una mujer excitada y desde ese momento ella es el rey y no importa que sea muy macho o que tenga apodo de bravura, porque el caballero se vuelve gallina y pierde su orgullo cuando ella le truena su sexo, cuando ellos hacen el amor. Y llora por ella y toma licor y se tira y se humilla nomás por la baba (aceite vaginal) de la mujer.

**¡Más puede el pelo mojado de la pussy que el coraje de un valiente!**

**Más daño hace la mordida del hoyo vaginal y un beso de los labios inferiores en la cabeza del pene, que el coraje de un Hombre.**

# CAPITULO 11

Un consejo extra.

Tambien se recomienda que el hombre se siente en la orilla del sillón y ella se siente en coliquillas mirándolo a el, los 2 sentirán el sexo del otro con mucho tacto y pasión desenfrenada.

Esta posición se llama **¡La muerte de la rana o del sapo!** porque ella es la que se esta ensartando en el palo cuando salta al sillón o a la cama y se ensarta en el palo o en el órgano sexual del hombre.

Para que se actualice.

**1era.** Aunque usted no lo crea;

El aceite vaginal de la mujer evita la caspa en la cabeza y pescuezo., en el pene del hombre.

**2da.** Pero tambien tonifica y fortifica la raíz del pelo en la piel del hombre, haciéndolo más bigotón y barbudo.

**P.** ¿Cuáles son los músculos que mas trabajan cuando se esta haciendo el amor.

**R ¡Son las nalgas de la mujer!**

Porque ellas se contraen para empujar el cuerpo del hombre y pasear en un rico vaivén al macho que esta encima de la mujer y aparte las nalgas ayudan al hoyo vaginal para darle contracciones al pene aumentando más el placer sexual.

**P.** ¿Cuál es el hoyo mas sabroso?

**A)** El hoyo vaginal que esta en casa.

**B)** El Ano.  " " " "

**C)** El hoyo del amante.

**D)** El hoyo homosexual.

**E)** El que provoca placer

**P.** ¿Cuál es el pene mas sabroso?

**A)** El de la casa.

**B)** El cabezón.

**C)** El grueso y largo.

**D)** El desconocido.

**E)** El que provoca orgasmos.

**3era** El aceite del orificio vaginal es fértil para los espermatozoides para que ellos puedan sobrevivir por mas de 48 horas adentro del orificio vaginal y nadar y entrar hasta la matriz y tratar de romper el ovulo femenino y fecundarlo.

**4to** El hoyo vaginal es para uso exclusivo del pene sexual del hombre para que la mujer pueda así concebir y la salida del bebe y de la sangre del periodo menstrual.
**¡No es para orinar!**

**En la historia entre las mujeres,** se ha contado de generación a generación de una mujer. (virginal) Porque ella tenía dientes a la entrada del hoyo vaginal y un hombre osado utilizo un artefacto (su pene) y le tumbo todos sus dientes vaginales. Y en recuerdo la vagina sangra cada mes en su luna llena. Perdió este poder divino, su dentadura, pero desarrollo otro poder mas divino, hace que el hombre. **Se someta y se humille por esa encía sin dientes.**

**5to El quinto es bueno pero el otro hoyo tambien.**

El semen masculino es una droga psicoactiva en el cuerpo de la mujer; (Activa mentalmente a la mujer) relajándola mentalmente, descansando su cuerpo, pero en cuanto se levanta deja al hombre sorprendido, se pone hacer cosas que a el le agradan. Pero si el no eyaculo ella le reclama ¿Que te paso? por que no me echaste mi dosis de leche tibia, poniéndose de mal humor por celos, imaginándose lo peor con otra mujer, pero a la mejor el esposo se masturbo anteriormente en una fantasía sexual y por eso no le entrego su dosis de leche diaria, su inyección intramuscular y profunda acostada en la cama o quizás la mujer lo ordeña demasiado y no deja que se reponga y junte sus dosis de leche.

**Nota muy importante;**
El hombre **produce entre 10 a 12 litros de leche semen** en toda su vida sexual. Desde su pubertad, hasta su vejez.

Y muchas mujeres en su., **vida sexual han recibido gustosas** en el interior de su vagina hasta 40 litros de esta **leche, semen** de los hombres que buscan placer sexual a cambio de **$ $**

La mujer produce aceite vaginal el quíntuplo o más en toda su vida sexual según el uso o el tamaño sexual de su compañero.

Convirtiéndose el hoyo vaginal en una fuente lubricante de vida, ya que aquí existen **hormonas, estrógeno, diferentes células madres y células embrionarias, que se encuentran en los ovarios y en la matriz.**

**Reorganice su laboratorio sexual femenino.**
**Lo apoyan, hombres, hermosas mujeres,**
**homosexuales, compañías farmacéuticas y**

## Lesbianas.

> La mujer se hace adicta a esta leche semen y la quiere desde que amanece con el mañanero y cuando el regresa de su trabajo vuelven a repetir lo que hicieron las veces pasadas en diferentes posiciones haciéndolo varias veces al dia sumando de 3 a 5 veces en 24 horas cuando están recién casados. Sumándolo 4 por dia por 25 días, cinco días son de descanso y al mes serian 100 veces, por eso se dice que están en luna de miel. En una encuesta en los estados unidos les preguntaron sobre cuantas veces hacían el amor con su pareja y el resultado salio alrededor de 150 a 180 veces por año debido al exceso de trabajo y chatear en cell.

Y en otros países al año 1,000 veces de sexo y si así se prolonga cuando hay amor de verdad, multiplicado en sus primeros años de casados variaría las veces de gozar el sexo con su pareja estando enamorados como el tercer dia cuando se entregaron.

Si ella es virgen el primer dia goza teniendo dolor a la vez. Y el segundo dia con un poco de miedo lo hace dejándose explorar y aprendiendo a gozar mas porque están despertando sus zonas erógenas, sus zonas eróticas, haciéndose sensible y compresiva, hinchándose sus senos, caderas y piernas haciéndose mas eroticos sus pezones, hinchándose los labios superiores y clítoris y tambien el pescuezo y orejas y otras zonas que ella le indique, **soporte los rasguños,** porque ella esta gozando las penetraciones y caricias y el olor del hombre y disfrutando mas a partir del tercer dia)

Y despúes de los 20 años de casados disminuye o antes drásticamente en hacerlo de 1 a 2 veces a la semana lo cual cambia el carácter de la mujer y del hombre, quizás porque se hace rutina.

Pero si cualquiera de los 2 se encuentra a un amante, la cuota se vuelve a aumentar individualmente.

Se calcula que el hombre hace el amor en toda su vida alrededor de 12,000 veces contando las masturbaciones desde su adolescencia hasta la vejes. Y la mujer en su adolescencia ella se masturba muy poco, pero cuando se casa aumenta su placer y si su esposo trabaja mucho ella en su soledad se masturba con sus dedos o con un consolador o se busca a un amante para quedar satisfecha sexualmente, pero corre el riesgo de prostituirse solo para gozar mas del sexo del hombre y de su semen droga. Esta es prostituta por placer.

Un consejo.
Si te vas a dedicar a prostituirte el primer dia de trabajo debes de hacerlo gratis por,
**INAUGURACION.**
El resto del mes descuentos del 25 al 50%
Por el Servicio.

Los días de pocos clientes al medio dia
La Hora feliz. Se paga un servicio y se goza una hora, lunes y martes con 2 horarios.

Un Consejo Extra

Nunca acepte como el, **cliente quiera.**

Porque podría salir golpeada, hacerlo en múltiples posiciones y pago después. (fiado)

**Aparte hay tres clases de prostitutas más.**

**#1.** Esta es por falta de uso; Unas son divorciadas o viudas y sus hijos (as) no le acceden que su madre ande con otro hombre.

Ella pone el pretexto que se aburre y tiene que ir a trabajar, **(cama)** o que va a la tienda con una amiga y de regreso se trae la leche, **(entre las piernas escurriéndole)** por eso es mejor que se casen y no se vayan a prostituirse.

**#2.** A otras en los trabajos los compañeros les piden lo de abajo, no le piden todo completo solo lo que tienen en medio de las muslos, ellos como si fueran mecánicos y ellas un carro.

Ellos se encargan de revisarles el aceite y si andan pasadas de aceite ellos se lo sacan y las manosean para ver si el soporte esta bueno, su carrocería no le suene y su motor no le falle y darles un buen mantenimiento de vez en cuando.

## ¡GRATIS Y SIN COMPROMISO!

# CAPITULO 12

**#3. A otras no les toca la misma suerte;**

Unas son violadas, secuestradas y prostituidas y sirven como esclavas sexuales en su país y exportadas a otros países.

Y son vendidas al mejor postor.

**¡EN ESTADOS UNIDOS, EUROPA Y PAISES PETROLEROS!**

A (OBO) 40 dólares por 15 minutos, es
carne fresca.

En un canal de televisión, Programa, Especial entrevistaron a muchachas de diferentes países. Que sus novios las prostituyeron y las vendieron a un comprador **(ellos a eso se dedican, mafia)** ellas declaran que todos los fines de semana tener sexo con 25 o 30 o 40 hombres al dia. Y el resto de la semana variaban los clientes de 12 a 20 por dia.

Lo que no dijo o se le olvido fue cuantos; **Orgasmos ellas tenían por dia,** o cooperaban para tenerlos.
Lo que no se pregunto, ¿La mayoría o todos acabarían con ella? o ellas acababan con ellos.

Lo que si dijo fue que al principio era un asco por que recibían de todos tipos de hombres, unos iban con aliento de vino y cerveza, cigarros, marihuana y mal aliento, desaseados y tenía que soportarlos o la trataban mal.

Pero a la **larga** del tiempo se acostumbra la gente y otras personas si tienen a un pariente que es borracho, ellos lo corren, el regresa y a la **larga** del tiempo se acostumbran de verlo así, el que es drogadicto, que no trabaja, que no estudia y a la **larga** del tiempo se acostumbran a vivir con ellos.

La Mujer que es Virgen y es su primera vez en que se la van a meter, se preocupa mentalmente al verlo; **grande, duro, chato y cabezón**; cierra los ojos y piensa muy emocionada., hoy me va a quedar un boquete más grande, adolorido, sangrando y goteando aceite. No se alarme;

La vagina lo resuelve todo.

¡Y a la **larga** del tiempo se acostumbra en abrir los muslos! sin quejarse y solo gimiendo de placer en la cama.

# CAPITULO 13

Lo que siempre el hombre debe de hacer es innovar a la mujer.

Ofreciéndole llevarla a cenar a un restaurante hotel; y el se disfraza de chef o mesero y le enseña la carta y le ofrece que es;

¡El Sexo Servicio! Qué quiere para cenar; Le ofrece el rico y sabroso dedo el índice que es el mas largo para despertarle el hambre y para que saboree le ofrece de 1 o 2 de lengua antes de que coma un pedazo de carne de maciza es un trozo grande y grueso y ella animada le ofrece que se eche un taco de ¡Ojo! y pruebe de lo mejor en carne y chupe las ¡Jetas! de sus ¡Labios superiores!

También el le ofrece uno de cachete o de **piocha** y ella le corresponde ofreciéndole;

**¡La pucha!**

Y ella le dice quiero que estrenes esto, es nueva es una;

**SACA LECHES.**

Y te va a sacar hasta la última gota de oro, (gota de semen)

Y el le contesta pues yo te presento este aparato se llama;

**E L E X T R A C T O R D E J U G O S** y te va a sacar todos los jugos que tengas almacenados en esa **papaya** o adentro de esa grieta y orificio vaginal.

Ella se despacha sola y agarra el chorizo y le pregunta si es fresco y buena calidad y el le contesta este trozo esta caliente y tiene mucho jugo, condimento y aceite y vas a sentir que te va a **quemar por dentro** ** cuando sientas su contenido. Aparte le ofrece un trozo de carne con leche y se lo cene antes de dormir.

** (La capciana) de los chiles hace el mismo efecto engañando al cerebro de que se esta quemando la boca.

Pero ella le ofrece también que si el quiere cenar a la orilla de la cama una pollita rostizada sudando en aceite y caliente se la coja antes que se enfrié.

Le contesta entonces quieres una ensartada de pájaro y ella se ofrece de una chivita tierna en brazas para que te enciendas abrazado.

El; si se te atora algo en tu garganta aquí traigo tu ¡Yogurt!

Ella contesta o que bueno, por que yo me vine preparada y si algo se me atorara aquí traigo vaselina para que resbale, por un hoyo es bueno, pero por el otro hoyo tambien.
Es Analgésico y estoy lista para untármelo por donde quieras y me hagas zigzag y aparte me traje un pomo de menta para que se ponga la cosa que ¡Arda! y ella de este Gran Banquete le dice, te voy a hacer unos huevos bien revueltos porque yo para acabar;

¡Me voy a chupar el contenido de tus huevos estrellados! por donde se me antoje por arriba, por abajo o por detras.

**No se le olvide darles sus enchiladas, sus cojidonas y sus mordidas., en el sexo. El dolor tambien les produce placer. O no nomás vean sus caras de., aclare aquí. _____**

# CAPITULO 14

No deje que se agrie su sexo, que se haga rutina, que se enfrié su llama del Amor, vuélvalo a encender. Ensártela con fruta.

Endúlcelo (a) con fruta, con un plátano recién pelado y néctares naturales o de sabores; O mamelo con sabores de;

De caramelo, french vainilla, hazelnut, maple, crema de leche, durazno, rasberry, chocolate, canela, granada, anís, coco, piña colada sin alcohol, menta, fresa, y otros deliciosos sabores de frutas.

¡Estos yo se los recomiendo!
SE GOZA Y ES RRRRRRICO Y
SAAAAABBRRRROOOZO.

**Haga el 69 y mame feliz,** mame contento, no se haga pendejó (a) y mame le hasta dentro de ella o de el. Siempre que "Mame" tenga a la mano toallas sanitarias húmedas para una limpieza rápida y seguir "Chupando" y haciéndolo mejor.

**Esto de mamar es para parejas con., Años de casados y no para recién casados, y al paso del tiempo se acostumbran al sabor chupando sus labios superiores o los huevos y pene.**

\*\*\*\*\*

Cuando el ser humano en su niñez juega y se pasea en los columpios, la niña utiliza las piernas para empujarse más y el niño le ve emocionado y la empuja para un vaivén por detrás y por delante.

AQUÍ NACEN UNAS POSICIONES MAS.

En la casa donde viva, haga una modificación a su cuarto.

En las vigas de la casa debe soldar o taladre 6 ganchos o 2 barras de 2 metros cada una de largo para colgar 3 columpios;

El 1ero para la cabeza, el 2do para hombros y; El 3ero es para las Caderas de ella, **bases de asiento amplios y acolchonados** y aquí se practican unas posiciones mas en el aire y con mejor gozo, penetración y sin estorbar nada, eche andar su imaginación en el aire, constrúyalo no se arrepentirá y ponga un tubo para practicar;

### ¡El baile exótico!

Y un escalón a 30 cm. del tubo donde ella se acomodara moviendo sus posaderas sexualmente y en un nivel para evitar que a su hombre le den **calambres** en la parte trasera de sus rodillas.

**El escalón es para hacer el amor parados.**

**La mejor posición para,
disfrutar de las caderas de cualquier mujer. ¿?**

**Y oír el cacheteo de sus nalgas. Música estimulante para el cerebro del hombre.**

No deje los columpios al alcance de los niños y siempre **"disfrace"** los ganchos o barras colgando unas macetas con flores de primavera y su cuarto siempre olerá a flores y no a sexo y lucirá adornado en el dia y cuando estén solos o en la noche será el cuarto de juegos sexuales de pareja donde ella abrirá las piernas para divertirse pasándose a otra dimensión en hacer el arte del amor y cuando tenga visitas las personas adultas halagarán su bello cuarto.

**Agregue unos pasamanos** de plástico, vara de billar o madera encerada de árbol de maple, a 50 centímetros de altura sobre la cama (medida inglesa I pie 8 pulgadas y otra a 10 centímetros mas arriba de la 1era. o 2 pies de altura) al agregar los pasamanos en las 2 paredes sobre la cama esta convirtiendo su cuarto de dormitorio en un verdadero cuadrilátero para peleas de **lucha libre, olímpica** y de te lo **sumo** sobre la cama estando bien encuerados.

**A la familia y a los niños** les puede decir que puso los pasamanos porque sufrió un accidente y esta lastimado (a) de la cintura y de allí se apoya para levantarse.

CONSTRUYA SU JARDIN
COLGANTE DE
BABILONIA.

**Y SU CUADRILATERO**
EN SU CUARTO
DE DORMIR
EN SOLO 4 HORAS.

NO SE ARREPENTIRA.

NO SE GASTA MUCHO.

**¡Tambien que se inaugure la calle lesbiana! en español segundo Idioma en E.U. Al Oeste de la E. Gay st. Cruza con la N. HIGH st. En Columbus Ohio.**

Así siempre la pareja de hombre y mujer deben de tener imaginación, igual como las parejas de lesbianas y homosexuales y tres en pareja siempre con fantasía, imaginación y juegos agréguele palabras dígale al oído cosas peladas y groserías, fáltele el respeto estando los 2 de acuerdo y sino pregúntele cuando estén teniendo un orgasmo y ¡Ensartados! y se sorprenderá de los resultados de las contestaciones y quedaran satisfechos avanzando a otro nivel.

**Precaucione primero si el o ella no contesta no insista mas, puede haber cambios mentales y de carácter.**

Practique la lucha olímpica, ruda o técnica y de te la sumo, ella se lo agradecerá y tendrá a la fiera siempre calmada.

Porque practicando estas llaves de lucha olímpica en la cama hasta la más fea (o) se ve hermosa (o) cuando esta de pollito, de chivito o en la orilla del sillón o colgando del columpio.

Aquí en la cama o en el columpio es el único lugar del mundo donde no se practica el racismo entre hombres y mujeres.

Y estará cumpliendo con las nuevas leyes de parejas;
De lesbianas, homosexuales y tres en pareja, sobre la cama.

# CAPITULO 15

**Tengo que aclarar algo, es una voz, es un grito de la mujer, ante tanta injusticia.**

Todas ellas reclaman ante la organización de los derechos humanos,
El departamento de seguridad domestica, la corte suprema, La ONU y otras dependencias gubernamentales y del mundo.

De que las apoyen para crear una corte en su defensa y sus derechos no desaparezcan en un hoyo. Y ellas tengan igual poder sobre el derecho del hombre y ellas puedan poner el APELLIDO primero en sus hijos y el de su esposo en segundo lugar; ya que ellas han sufrido pobrezas, han sido abandonadas, maltratadas, asesinadas, golpeadas, violadas y prostituidas en las mismas cárceles de mujeres por las mismas autoridades, forzadas hacer soldados en contra de su voluntad y siendo niñas y esclavas sexuales., en guerras, secuestradas, prostituidas y exportadas a otros países tambien.
Vea datos de UNICEF.
Y proponen para este 9 de Marzo Dia Internacional de la liberación de la Mujer sea aprobada esta propuesta. Ellas quieren ser justas, igualdad en derechos y la pongan en competencia de resistencia física y sexual en contra del hombre en el lugar donde ellas pueden moverse; en la cama. (perdón en su vida) y proponen 2 competencias de resistencia y demostrar ser mas fuertes que un hombre;

HABILES Y FUERZA SEXUAL.
EN UN MARATÓN

1 HOMBRE vs. 10 MUJERES.

El hombre tiene que hacer acabar con orgasmos a todas las 10 mujeres y se le permite que practique cualquier posición de lucha olímpica, libre y de te lo sumo hasta la matriz.

En tiempo aproximado reglamentario de 10 A 20 minutos por mujer. Fuera de este tiempo el orgasmo o el punto no es valido.

Los jueces tomaran nota.

FISICA Y SEXUAL.
EN UN MARATÓN.

1 MUJER vs. 10 HOMBRES.

La mujer tiene que hacer acabar con orgasmos a todos los 10 hombres y se le permite que practique cualquier pussy-cion de lucha olímpica, libre y de te lo desaparezco todo.

En tiempo aproximado reglamentario de 10 A 20 minutos por hombre. Fuera de este tiempo el orgasmo o el punto no es valido.

Los jueces tomaran nota.

Otra competencia de experiencia y en resistencia.

FÍSICA Y SEXUAL
EN UN TRIATLÓN
PARA.

1 HOMBRE Y 3 MUJERES.

Primera competencia contra una mujer.

Después de 2 horas de estar haciendo el amor y muchas posiciones. Al poner a la mujer con las rodillas en el hombro o a gatas y de su grieta o manantial le escurre aceite vaginal y semen masculino. ¿Hasta donde le escurre la cascada? $\frac{1}{2}$ pierna. A la rodilla. O mas abajo.

Los jueces tomaran nota de la medida.

Segunda competencia con otra mujer.

En un término de una hora el hombre puede repetir 1 sola posición o varias para que la cavidad vaginal absorba aire;

1er. Punto. Que decibeles fue el sonido del hoyo vaginal al salir expulsado el aire haciendo que suenen los labios inferiores y superiores, que temblaron al fluir el aire por el hoyo vaginal.

2do. Punto. Cuanto tiempo duro el sonido gutural vaginal de la competidora.

3er. Punto. Cuantas veces se hoyo el sonidito musical, quizás diferentes notas durante esa hora. Aquí puede haber varios puntos.

4to. Tambien cuenta el chasquido cuado el pene entra y sale, es sonido vaginal.

Los jueces, tomaran nota musical
de los sonidos del amor.

Tercera competencia con otra mujer.

Que ella disfrute al estar haciendo el amor; Los signos se calificaran en cada orgasmo que pueda ella tener en 1 hora.

Los gestos de la cara; cierra y abre los ojos como si estuviera en otra dimensión, movimiento de sus manos y dedos, sus movimientos de cadera contra golpeando los testículos, sus resuellos y gemidos cuando el la esta masturbando y dándole su lambida combinada; **La desconocida** para ella.

**Y los imposibles 1 Y 2** gracias al doble barandales instalados sobre la pared de la cama.

Los jueces tomaran nota.

Otra competencia de experiencia y en resistencia.

FISICA Y SEXUAL
EN UN TRIATLÓN
PARA.

1 MUJER Y 3 HOMBRES.

Primera competencia contra un hombre.

La mujer tiene que usar toda su experiencia contra su primer adversario. Ella se debe dejar poner en cualquier posición sexual, que el se confié y en la posición que ella escoja cuando lo tenga todo adentro, le debe de tronar el órgano sexual sin el apoyo del pasamanos. (Tramposa) Mínimo de 2 a 3 veces en una hora.

Si el hombre resiste las 3 tronadas sin salirse o gritar de dolor gana los 3 puntos.

Aquí puede haber varios puntos individuales.

Los jueces tomaran nota.

Segunda competencia contra el 2do hombre.

La mujer tiene que usar su experiencia en sus posiciones ya practicadas y las contracciones vaginales para hacer que el hombre rumie de placer. Puede utilizar los pasamanos. Se califican gestos, movimientos de ojos, contracciones de manos y los gemidos de los orgasmos sin límite de tiempo en 2 horas.

Tercera competencia contra otros 3 hombres.

La mujer tiene que describir el tamaño en un término de 20 minutos con cada uno.

A) Largo Aproximado.
B) Si tiene circuncisión o capacete.
C) Grosor de la cabeza.
D) Si es conocido o desconocido.

De las preguntas cada respuesta es un punto.
Los jueces tomaran nota.

Todos los competidores en el maratón y triatlón deben ser mayores de edad y solteros y que no sean estudiantes universitarios.

Las mujeres, que no sean vírgenes del hoyo vaginal.

 los (as) jueces harán un examen del elixir vaginal.

Los hombres con entrenamiento de alta resistencia; Deportistas y trabajadores profesionales de diverso temperamento (Testeterona) y tamaño y que firmen todos un contrato de que van libres y concientes de lo que hacen, todo por competir, el hombre en seguir conservando el primer apellido en sus hijos y la mujer en suplantarlo con su apellido y sea el 1ero el de ella y 2do. Apellido el del hombre

Los jueces analizarán sus resultados ante;
Derechos humanos, organizaciones internacionales de la mujer, La ONU. El departamento de seguridad domestica. Y guía y convenios de tres en pareja y homosexuales,
Todos juntos deben de apoyar a la mujer en el cambio del apellido en este 9 de marzo dia internacional de la mujer.

# CAPITULO 16

**Tengo que explicar algo** y estoy defendiendo a todas las mujeres del mundo. No importa que sea alta o chaparrita, delgada o gordita, blanca o morena, hermosa o fea, sana o enferma, recién estrenada o ya muy usada, rica o pobre, presa o en libertad, intelectual o ignorante, **mujer al 100% o lesbiana,** religiosa o no creyente; no importa cual sea su condición, todas ellas dan placer.

¡CON SU ORIFIO VAGINAL!

Muchas sienten la diferencia de la cabeza con el pescuezo, papada y venas del pene, su tacto vaginal.

En el nombre de todas ellas que han sido humilladas y destrozadas moralmente al decirles en unos **¡Cuantos segundos!**

Al terminar de hacer el amor. Estos hombres al decirles que su vagina ya esta floja, que ya no aprieta todo porque se escucho un sonido gutural que salio por esa garganta del orificio vaginal.

A estos hombres deberían de cortarles la lengua, ahorcarlos para que saquen la lengua como corbata. O dejarlos todo por idiotas. O que le pongan los cuernos.

El demuestra una total ignorancia en el arte del amor, porque es el amante al que pone a la mujer en posiciones extremadamente placenteras en lucha olímpica en la cama en una llave ruda, difícil de zafarse y aquí es ella donde agarra el aire y al terminar de hacer el amor la vagina lo expele, temblando los labios de la vagina. (la vulva y los labios superiores y quizás campaneando el clítoris) sonando así.

**¡Drruppprruuuffpprruuuff!**
**¡Drruppprruuuffpprruuuff!¡**

Y los labios inferiores **¡Cuash! ¡Cuash!**
**¡Chaasstprruuffprrrtt!**

Que viene **siendo una poesía de la vagina** al pene que la hizo cantar, es un himno de gloria para ese pene. Órgano compositor, pene que la supo estimular su sensibilidad haciéndola que tocara como órgano de una sinfónica en un teatro en la cama.

El hombre que le hace el amor a su compañera, (Esposa)
¿Son las mismas veces que hace el pene sonar al orificio vaginal? como trompeta, como flautín, como órgano melódico.

Haga una apuesta con su mujer y demuestre que puede hacer resoplar de felicidad al hoyo vaginal. ¿Podrá? ¿Aguantara?

Una P. ¿Aunque el órgano del pene, le froto, le toco, acaso la hizo chiflar? cuantas veces a la semana la hace cantar, al año la mitad de las veces, en toda su vida sexual o la quinta parte de su uso o el 0.01% al año o el 000.0001% en su vida sexual.

Si no es así, mejor que no abra la boca, ni la ofenda, ni con el pensamiento. Porque si la mujer a veces no piensa con la cabeza **¡Pero si corresponde con su rajada!** con su sexo o hoyo vaginal durante la noche y se lo da al hombre. Y es para que no la vuelva a ofender a la mujer cuando oiga que le susurra la **grieta,** el orificio vaginal hablándole a su miembro.

**Quiero máaaas, me dejaste a la mitad del orgasmo.**

Si la cabeza del pene fuera inteligente y pudiera hablar, le contestaría mandándole un grito así;

**DDAABBA   DDAABBA**
**DDAABBA   DUUUU**

(Traduciendo lenguaje de los 2 Sexos) Mi hoyo me habla que querrá.

(_____)

Interprete aquí un nuevo sonido gutural de su hoyo vaginal

(_____)

Interprete aquí, que es lo que quiere

(_____)

Interprete aquí que le contesta

DIBI DIBI CAAMA YUU YEE DIBI DIBI CAAMA YUU YEE.

Interpretado la música que escucho la verga.

Pregunta; ¿Qué sentiría el hombre si la mujer le niega seguido darle el placer del hoyo vaginal o del chiquito?

Respuesta

(_____)

¿Qué solución hay que tomar?

Solución; Que no la vuelva a ofender ni con el pensamiento.

***** 

**Tengo que comentar algo** y estoy defendiendo a todos los hombres del mundo. No importa que sea alto o chaparrito, delgado o gordito, blanco o moreno, hermoso o feo, sano o enfermo, jovencito o ya muy usado, rico o pobre, preso o en libertad, intelectual o ignorante, **hombre al 100% o gay,** religioso o no creyente; **no importa cual sea su tamaño., o su gusto sexual.**

Todos ellos dan placer.
**¡CON SU PENE O HOYO
SEXUAL!**

En el nombre de todos ellos, que han sido humillados y destrozados moralmente al decirles en unos ¡Cuantos segundos!

al terminar de hacer el amor. Estas mujeres al expresarles que no gozo de su mimbro, que la cabeza de su pene es pequeña, que su pene no lacta mucha leche y no es de largo alcance y se vació o se amortiguo muy pronto.

A estas mujeres deberían de cortarles la lengua, ahorcarlas para que saquen la lengua como corbata. O dejarlas todo por idiotas. O que le pongan los cuernos.

Ella demuestra una total ignorancia en el arte del amor, porque ella debe de indicar y cooperar siendo más **erótica y apasionada** y entregarse con más **movimiento sensual y frenesí** y demostrar sus **habilidades para moverse en la cama** y en diferentes posiciones **ella sola.**

Las noches con su pareja serán inolvidables por más de 30 años. Muchos años sin importar el tamaño de su pene y grosor.

Y no solo esperar desnuda en la cama para que su hombre la posea para gozar después cuando el hombre ya esta acabando.

# ¡NO!

Desde el mismo instante en que se abrazan se debe de cooperar en caricias en cualquier parte del cuerpo en ambas personas, haciéndolo en forma apasionada, en posiciones forzadas, posiciones nuevas, pussy-ciones eróticas y siempre con frenesí.

**P.** La mujer que le hace el amor a su compañero (esposo)
¿Son las mismas veces que el orificio vaginal hace gozar al pene? (que se ponga tenso, hinchándose mas de sangre y cambiando de color por emoción)
Nomás porque el hombre deposito el semen en el interior de la mujer, quiere decir que tuvo un orgasmo placentero.

**¡Claro que no!** La mujer solo le ayudo a ordeñarlo sacándole la leche semen en forma rápida y sin pasión.

El pene entre más goza mas duro se pone.

Dura más en acabar.

Y cuando acaba se luce abundantemente chorreando semen de felicidad teniendo un orgasmo placentero.

Una P. ¿Aunque el hoyo vaginal, le froto, le toco, acaso lo hizo gozar? Cuantas veces a la semana lo hace acabar en forma placentera, con un orgasmo violento, jadeo fuerte y sudando el hombre de la frente y espalda. Al año, la mitad de las veces. O en toda su vida sexual, o la quinta parte de su uso, o el 0.01% al año, o el 000.0001% en su vida sexual.

Si no es así, mejor que no abra la boca, ni lo ofenda, ni con el pensamiento.

**Porque si el hombre** a veces no piensa con el cerebro;

**¡Pero si con la cabeza de su
Pene! El Glande.**

Correspondiendo con embestidas, separando **las lagañas** de los labios superiores, **peinándola de rayita en medio** y despegando los labios inferiores y metiéndose separando las paredes vaginales en ese **hoyo salado** y a **olor** a **pescado,** (Las bacterias de la vagina se multiplican alterando el pH de la vagina e irritándose y oliendo a caldo de pescado o camarón)

¿Cuando la mujer lo humillo y lo destrozo moralmente?
Al Terminar de hacer el amor el sonido gutural de la vagina
**Chchchchsssssspruuuftptrptr.**

**¿Ella sabe que calidad de vagina tiene en, medio de sus piernas?**

**Que suavidad, tersura y color tiene en su pared vaginal para estimular el ♩ humano.**

Igual como los hombres; los penes de diferente., tamaño, grosor, un poco chueco, cara o cabezona, con cápasete o pelona o venas gruesas, testículos chicos o grandes.

Las mujeres igual con su sexo en forma diferente; la vulva, flaca o huesuda, grande, sin jetas, clítoris largo, peluda o lampiña.

# "Pero lo Especial"

### ¿Ella sabe como tiene la entrada a su vagina?

Con encías cerradas o con 2 anginas a la entrada, una parte acanalada o liza, paredes con varices, estrecha y se roza fácilmente, tiene perrito, su aceite vaginal es pobre no es lubricante, es frió, o es caliente, domina las contracciones vaginales a voluntad. Aparte sin contar el tamaño de los pechos y formas de las nalgas, caderas, piernas y estrías en el cuerpo.

**¡Y si no sabe que clase de;**
**Amor ella da!**
**Cuando se mueve ella en la cama.**

Es mejor no lo vuelva a ofender al hombre cuando el pene le esta escupiendo y pintando por dentro un nuevo ser.

**Tambien ella tiene defectos sexuales.**

Pregunta; Que sentiría la mujer si el hombre seguido niega dárselo y metérselo por el hoyo vaginal y solo quiere que se lo mame o le de el hoyo trasero o vaciarse afuera de ella.

Respuesta

(_____)

¿Qué solución hay que tomar?
Solución; Que no lo vuelva a ofender ni con el pensamiento

Otro consejo.

La mujer para gozar no necesita que se lo metan hasta adentro, con que solo le entre la cabeza y el cuello del pene en el hoyo vaginal y verle el color de pulpa en su vagina y roce los Labios Inferiores, la mujer aquí cierra los ojos de placer y se muerde y chupa sus propios labios de la boca al estar gozando. (Aquí ella practica las contracciones, mordiendo la cabeza del pene con su entrada del orificio vaginal y labios inferiores escuchándole el sonido del aceite prensándose contra el cabezón o el dedo índice del hombre)

# CAPITULO 17

Para los hombres que no conocen de historia;

A ese hoyo se le venera porque el hombre lo tapa, colecciona, allí se inca, se agacha y le besa con respeto y deleite. Y por ese hoyo el hombre se ha matado, abandona su hogar y a sus hijos, recibe mal trato, se ha humillado y llorado.

*****

Para las mujeres que no conocen de historia.

A ese miembro se le venera porque la mujer lo desaparece, lo lubrica, lo colecciona y deja de comer por el, anda con una sonrisa de lado a lado, allí se inca, se agacha y le besa con respeto y le chupa con deleite y por esa cosa la mujer abandona su hogar y a sus hijos, se a matado, recibe mal trato y se a humillado y llorado.

*****

El hombre se debe de sentir orgulloso si hace cantar con frecuencia ☐ ☐ **Melódica** al orificio vaginal. Entonces si mi respeto para este hombre, porque merece todos los honores de un gran guerrero de un gran maestro en estas artes, un profesional en;

**LA LUCHA OLIMPICA Y DE TE LO.,
SUMO HASTA LOS TESTICULOS EN DONDE SEA.**

***** 

La mujer se debe de sentir orgullosa si hace cantar con frecuencia ♫ ♪ **Melódica** al hombre todo el dia. Si ella tiene la habilidad de menear su cintura en diferentes posiciones, arrastrar sus pechos sobre el cuerpo, picarle los ojos con el pezón sin sacarse la verga y poder cachetear la cara del hombre con sus senos y que sienta como se arrastra su vulva sobre su cuerpo. Entonces si, mi respeto para esta mujer porque merece todos los honores de una gran guerrera, de una maestra en estas artes una profesional en;

**AGUANTAR LAS LLAVES OLIMPICAS Y RUDAS Y TECNICAS DE TE LA., SUMO, Y QUEBRAR EL PENE SOBRE LA CAMA.**

**PARA LAS PAREJAS;**

**SE LES RECOMIENDA
PRACTICAR LA LUCHA
TRIPLE AAA DE 2 A 3 ORGASMOS
SIN LÍMITE DE
TIEMPO POR SEMANA, O POR MES.**

**Y NUNCA DE 2 A 3
ORGASMOS CON
LÍMITE DE TIEMPO POR AÑO...**

**Quiere ver un gesto de placer., de un orgasmo.**

**Masturbe a su pareja.
Son juegos sexuales de un matrimonio.**

# CAPITULO 18

**LAS ENFERMEDADES DEL SEXO POR EXCESO Y POR FALTA DE USO., SEXO.**

La enfermedad del sexo empieza exactamente cuando se empieza hacer el sexo y no es infectadote el órgano sexual, la enfermedad empieza por la mente del ser humano.

Cuando se es adolescente quieren tener ya un noviazgo y al abrazarse están abrazando a la persona que es el sexo opuesto, (novio-a) y a veces se pierde aquí la virginidad de ambos y cuando están solos recuerdan todo lo que paso, y se obsesionan mentalmente, el hombre llega a masturbarse y la mujer también, subiéndoles la presión y la emoción sexual; a la mujer se le dice que esta caliente y que esta ardiendo de ganas; y necesita de su novio con urgencia;

El novio le puede aplicar una inyección intramuscular y profunda con semen y con la jeringa llena, se puede repetir las dosis que ella señale con caricias abriendo y doblando las piernas, para que ella se sienta bien y ya relajada al bajarle la temperatura, ella puede pedir cambiar de posición para que le aplique mas inyecciones intramusculares ya que estas inyecciones no son;

**¡TOXICAS!**

**Y NO AY RIESGO DE INTOXICACION POR SOBREDOSIS.**

**YA SEA EN GARGARAS, EN CHUPALETAS O INYECTADO.**

O en la forma como se lo indique,
**El supuesto doctor.**

Quizás pueda tener unos efectos secundarios, pero estos se presentan a los 2 meses siguientes en algunas ocasiones. Estos efectos pueden ser mareos, falta de apetito, vómitos, inflamación y vientre duro. Para estos efectos se recomienda un jarabe de, vitaminas, si es alérgica use PENE CILINA revuélvalo bien, haga gárgaras o en chupaletas pero si no le gusta el sabor de esta medicina ¡Antibioticos! también se la pude seguir aplicando en forma intramuscular y profunda; para que no le deje moretones. No se le olvide el nombre la puede encontrar en un rincón del cuarto, o en el hotel. Es Jarabe, chupaletas o en inyecciones intramusculares, se llama;

## PENE CILINA.

El hombre para curarse de la fealdad y de las espinillas debe de tomar de la fuente de la juventud. Pero de lo bueno poco y como sale poco tiene que chuparlo, directo de esta grieta de donde mana. El manantial de la juventud, que se encuentra;

### ¡En medio de sus piernas de ella!

Aquí se encuentra lo mejor, el elixir de la vida, del placer y de la fuerza sexual. ya que aquí se encuentran. **Las hormonas y estrógeno de los ovarios y células madres y células embrionarias.**

Haciendo al hombre más fuerte. Y cuando ella siente que se lo esta **absorbiendo** y le ve la cara; Es cuando ve al hombre más; Hermoso y bueno del mundo.

Hincado y cabizbajo sobre ella y agarrándole sus orejas y haciéndole piojito en la cabeza al hombre con mucho cariño para que no se despegue de su vagina. **Manantial fuente de la vida y de la juventud.**

## ¡El se sintió bonito!

Cuando ella le sobaba la nuca y empujaba la cabeza contra su hoyo vaginal.

Hablando **respetuosamente** de la novia. La novia en ocasiones le habla en voz baja a su novio y se hinca y agacha la cabeza y se pone a lactarlo con mucho cariño.

## Es devoción femenina.

Cuando lo esta lactando y juega con la bolsa de los testículos y ella aprieta los huevos cuando el se esta vaciando.(este es el mejor recuerdo) esto indica que ella quiere casarse con el. Porque le gusto el tamaño de su pene y el color de su ¿? cuerpo y saboreándolo en sus manos y desea que se lo inyecte profundamente en medio de sus piernas y en la posición que el desee. Esto es (pura) abnegación, es devoción femenina.

# CAPITULO 19

**LAS ENFERMEDADES POR FALTA DE USO Y POR EXCESO DE USO**

Por exceso de uso ya son muy reconocidas estas enfermedades; estas se contagian solo por vía contacto sexual y a causado muchos estragos en el ser humano.

Recordemos cuando Hernán Cortes llego a islas mujeres y para su sorpresa solo encontraron a puras mujeres mayas. Y su ejército hizo uso sexual de casi todas las mujeres de esa isla cárcel para mujeres enfermas de gonorrea y sífilis, pero ellos no lo sabían. Además ya que tenían varios meses sin usar a una mujer. Y quedaron diezmados teniendo que regresar a España para su tratamiento y regresar a conquistar América. También existen otras enfermedades Herpes, Piojos y el más temible el SIDA. Todo por no usar protección y en exceso y no asearlo y en un par de minutos y todavía mojado cambiar de persona, de hoyo o con un equipo completo de jugadores. Ya infectada la persona aunque tenga una relación de unos cuantos segundos ya la infecto y así se propaga las enfermedades venéreas.

### POR CONTACTO SEXUAL DE AMBOS GENITALES.

¡Pero por falta de uso! exactamente por
no usarse continuamente.
**¡Adecuadamente y de vez,
en cuando!**

¿Por no usarse adecuadamente?

Cuando vaya hacer uso de su **ORGANO SEXUAL.** En su casa se recomienda que siempre se bañe antes y así gozará más haciendo el amor y saborear el órgano **(lamberle)** sexualmente a su pareja.

**Si llego de trabajar e hizo del baño en el sanitario publico del trabajo,** al sentarse en el excusado cuelgan los testículos, el pene, la vulva, los pelos o labios superiores, al caer el excremento salpica los órganos sexuales y cuantos gérmenes y partículas fecales hay allí de otras personas, aparte su cuerpo transpiro y el sudor es desecho y huele mal. **¿Y así lo va a mamar?** y si aparte no se limpio bien el ano. La mujer se infecta más rápido, cuando ella se limpia el ano de atrás para adelante dejando partículas fecales cerca del hoyo vaginal o labios superiores.

(perineo vaginal)
Llega el hombre le despega los,
labios superiores con la cabeza de su pene;

**DESDE CERCA DEL ANO HASTA EL CLITORIS. PERINEO VAGINAL. AQUÍ SE LLAMA COJIENDO O; PEINANDO DE RAYITA EN MEDIO.**

**SEPARANDO LOS LABIOS
VAGINALES.**

Introduciendo los gérmenes del baño y partículas fecales, quedando infectado con **vaginosis bacteriana** con irritación en la vejiga todo por falta de cuidado y no fue por que le pussyeron con otra persona.

**El pene mas sucio es el que tiene pellejo, que no esta pelado (circuncisión) Este pene tiene un potencial factor en infectar en cualquier momento a la mujer en la boca y vagina sin ser culpables ambos.**

# ¡UN GRAN CONSEJO!

¿Sabia usted que tiene que lavarse las manos antes de hacer el amor y cortarse las uñas con frecuencia y frótese con pasta dental los dientes y refriéguese la lengua con el cepillo dental y tambien la pared bocal? Aquí existen de todas clases de gérmenes y virus en la lengua como un zoológico y huele mal la boca.

**¡El asearse el pene, la vagina, la boca, las manos y el ano!**
**Evita enfermedades en el sexo de los hombres y mujeres.**

Y la propagación de muchas enfermedades en la boca, los ojos y la piel del cuerpo de uno mismo y de su pareja como la;

**Influenza, meningitis, conjuntivitis, bronquiolitis, hepatitis A, y la mayoría de las diarreas infecciosas al trasmitir muchas bacterias, virus patógenos y otros gérmenes bacterianos.**

Para matar estos gérmenes, es bueno lavarse las manos antes y después de preparar nuestros alimentos, comer, atender un enfermo, curar heridas, después de ir al baño, o cambiarle el pañal a un bebe, sonarse la nariz, estornudar, toser, tocar alimentos de animales y sus carnes, o jugar con ellos, o cuando tira uno la basura y saludar a otras personas.

No se infecte así mismo debe asearse mas seguido antes de hacer el amor. Una boca sucia con restos de comida, lengua blanca llena de bacterias y virus, o enfermo con anginas, dedo sucio y uñas largas con tierra puede infectar al hoyo vaginal con bacterias y virus y materia fecal irritando a la limpia vagina enfermándola a ella y enfermando al esposo inocentemente de;

**HERPES SIMPLE, AFTAS, GONORREA O SIFILIS.**

**POR FALTA DE ASEO**
**PERSONAL.**
**BUCAL, MANOS Y SEXO.**

**¡PERO POR FALTA DE USO!** No se puede creer.
**Aunque usted no lo crea pero es cierto.**

Una mujer que enviuda le guarda luto a su esposo fallecido por 1 o 2 Años. Se aparta y no convive con ningún hombre en cualquier posición sexual y no tiene un consolador y no lo compra por vergüenza, pero ya en estos 2 años, ella se esta tambien muriendo de ganas, de ser ensartada por un pene de cualquier tamaño, no importa la medida y ella decide y se quita el luto y empieza a buscar un miembro nuevo. (perdón) una vida nueva.

Ella va voluntariamente casi ofreciéndose al hombre, lo que quiere es desahogarse por varias horas por su hoyo vaginal y teniendo varios orgasmos en igual forma que cuando estaba su esposo con vida. Y cuando el hombre le despega sus labios vaginales (reapertura gratis) se encuentra la entrada (encía vaginal) un poco cerrada y no le sale mucho aceite vaginal, reseca todo por falta de uso, pero en cuestión de un minuto, el miembro sexual le vuelve abrir los labios inferiores, anillo vaginal y pared vaginal. Lo puede encontrar un poco frió, pero con las limadas de la verga pronto la vagina empieza a abrirse y producirse aceite tibio, como en tiempo pasado; quizás quedo un poco irritada por que le faltaba uso y si ella tiene una edad de 20 años y que no pase de los 41 Años. A esta edad la vagina de la mujer puede desaparecer en un ritmo constante y por horas;

### ¡19 centímetros de órgano sexual masculino!

Y si esta pene desconocido y descomunal es 1era, ves que va a entrar en la vagina clausurada, este hoyo vaginal producirá mas aceite vaginal (estrógeno y hormonas) como jamás lo hubiera hecho antes con la verga anterior. Ahora lo hará para atender esta nueva verga invitándolo a pasar hasta el fondo del hoyo vaginal y embarrando tambien a sus huevos con lubricante vaginal.

La desaparece a veces con dolor por la fuerza en que se la meten, como por arte de magia. **(quedando el miembro encantado y la mujer tambien porque paso entre sus piernas un pene de tamaño desproporcionado en la casta vagina de la mujer)**

Porque la vagina se acomoda y se estira con gusto y frenesí al tamaño del pene que tiene adentro ya sea conocido o desconocido en la posición de sus caderas o forzadas sus piernas y cuerpo.

Después de muchas horas de su uso el hoyo vaginal y sus paredes se cierran por más que la hayan usado y abierto y regresa a su medida anterior tapándose con los labios superiores como si nada hubiera pasado o nada se le haya metido adentro, quedándose la vagina tranquila y lista para la llegada de su esposo; el pene oficial.

El hoyo vaginal en cualquier forma de usarla las paredes vaginales se bañan de aceite vaginal, **lubricante, rico aceite en estrógeno, perfume y otras hormonas femeninas** para no irritarse produciendo placer al hombre al sentir sus paredes vaginales resbalosas, sobándole, apretándole y paredes calientitas y a la misma mujer dándole un orgasmo al sentir penetraciones sin cesar apretando la cabeza y pescuezo y sentir el largor del pene y chorros de semen caliente y en ocasiones con mucha presión.

Así se protege la vagina de cualquier fisgón que se le meta allí, lo contra ataca lubricándolo de aceite y dándole contracciones vaginales para acabar con este entrometido y dejarlo guango para que no le haga mas daño.

## ¡Cuando el esta gozando!

Pero la cosa cambia cuando a la mujer se le acerca sus primeros síntomas de la premenopausia. Su cuerpo empieza o producir menos hormonas femeninas, estrógeno la principal fuente de vida de ellas, produciendo menos aceite vaginal y las penetraciones un poco frías, como si fuera agua. Estirando las paredes vaginales resecas y en ocasiones produciéndole dolor en vez de gozar la mujer cuando;

**Ella cumple como mujer.,
como esposa.**

**DANDO SEXO CON ABUSO MARITAL POR PARTE DEL HOMBRE.**

En la cama dándole amor al hombre.

Las ocasiones en la cama y posiciones se reducen por que ellos ya no tienen el mismo placer de cuando eran jóvenes. Y ahora puede ser de 1 o 2 al mes y después cada vez con mas semanas o meses de espacio. Si van con un medico les recetara unas hormonas, lubricantes y vitaminas para ayudarle al cuerpo de la mujer para producir mas aceite vaginal y estrógeno que es de vital importancia en la vida sexual.

En ocasiones si no hay producción de este elixir vaginal, la vagina se puede irritar infectándose y contaminando al pene que la penetro desarrugo o estiro la pared vaginal.

Contagiándose de gonorrea o herpes simple, enfermedad venérea, por contacto sexual **(sin ganas) al hacer;**
**¡El sexo seco! hombre y mujer.**

Se debe de aceptar este cambio hormonal y corporal y unirse la pareja de adultos para vivir una vejes, unidos y felices.

# CAPITULO 20

La historia del ser humano cambiaria si el hoyo vaginal solo producirá aceite durante 30 minutos durante el coito.

De este aceite lubricante 1 vez al dia, 1 vez por semana, 1 vez por mes o 4 veces al año de este elixir resbaloso.

**La historia del sexo entre hombres y mujeres seria diferente.**

**Y otras personas aprovecharían este límite.**
Y para hacer el amor no se necesita tener los lentes sobre la cara;
Y para leer este libro no necesita tener los lentes sobre la cara. Ya que las letras son de buen tamaño., lo puede leer en cualquier lugar, en cualquier rincón y en cualquier pussy-ción.

**Las palabras y símbolos de computadora escritas en este libro,** es solo para entretener a la persona, porque lo que esta., leyendo **no es verdad., no son dibujos. Son signos y si ve otra cosa, usted es un enfermo sexual.**
**Esto es solo fantasía** y en el sexo eso se debe de utilizar siempre.,

## La Fantasía.

Si algo aquí escrito se parece a algo que usted **soñó, vio o vivió,** es pura coincidencia, por eso no se mencionan nombres para no afectar a terceras personas.

Si usted es feliz en su matrimonio, en este tiempo, en esta era, en esta dimensión.

Haga caso omiso de este libro, destrúyalo o entiérrelo hasta el fondo del hoyo o regálelo a una persona que crea que lo requiere.

Porque quizás es usted un profesional y ya tiene sus 3 columpios, el escalón, la barra para baile exótico y los pasamanos, o un volante sobre la pared para que se apoyen las manos o los pies mientras el cuerpo esta en diferentes situaciones sexuales sobre la cama; Y creando nuevas posiciones y mejorando las ya practicadas y hacer sus favoritas; Al apoyarse en el pasamanos para llaves olímpicas y lucha libre están cambiando a posiciones de agachada te lo sumo, la posición imposible, toma salvaje, el volcán en erupción del monte de venus o descansando para nuevos ambientes para tronar al pene o para que la vagina absorba mas aire y suene como flauta o estén 3 en pareja.

2 hombres contra 1 indefensa mujer en la cama. (quien acabara>

2 mujeres contra 1 hombre esclavo sexual. ⇆  >contra quien)
Los que entren con usted., estarán conociendo, viviendo y transportándose a esta dimensión o paraíso inexplorado.,
**Haciendo el amor en su cuarto, en su columpio.**

Si sale usted de vacaciones, esta hospitalizado (a) o se murió., no se preocupe, todo lo instalado en ese cuarto va a tener uso continuo aunque usted **no lo vea.**
(perdón **no lo crea**)

**Este libro no lo deje al alcance de los menores de edad.**

**El autor de este libro no es fiador de sus actos. Usted es el garante si lo compra es bajo su.**
**Responsabilidad y sus consecuencias., si no lo resguarda.**

Las leyes y convenios de parejas de lesbianas, homosexuales y 3 en pareja es un programa de;

LEYES Y CONVENIOS PARA ESTAR
REUNIENDO A FAMILIAS.

**Y EL QUE ESTE LIBRE DE TODO
PECADO QUE TIRE LA
PRIMERA PIEDRA.
Y TAMBIEN EL LIBRO DE GUIA Y CONVENIOS DE
HOMOSEXUALES Y DE TRES EN PAREJA, TRIPAREJAS.
Y AQUI NO ES EL F I N A L.
ES EL PRINCIPIO DE UNA
NUEVA ERA; SEXUAL.**

Con.
Mujeres.
Lesbianas.
Hombres y
Homosexuales.
Y 3 en pareja en intercambios.
Comentarios privados.

_____
_____
_____
_____
_____
_____
_____
_____
_____
_____

en 3 en Pareja.

## UNIENDO FAMILIAS CON RESPONSABILIDAD.

Felicito a la ciudad de **Nueva York** al aprobar matrimonios del mismo sexo, honor a **Ayo el Chico en Jalisco y ciudad de México, Chicago, IL. Los Ángeles, City Gay,** Chi♥cago, y otras Ciudades hermanas en el mundo que está haciendo justicia a la vida de.

**Homosexuales y Lesbianas.**

**Y EN AMERICA PRONTO SERA
TAMBIEN PARA 3 EN PAREJA.
COMO EN CIERTOS PAISES
ARABES Y AFRICANOS.,**

**P.D.** Es una casualidad que este libro no haya terminado en la pagina # 1 6 9 pero no se puede.

Porque el sexo tiene mucha historia y la seguirá teniendo y seguirán escribiendo sobre lucha olímpica, lucha libre, técnica y ruda y lucha oriental de llaves de te la sumo hasta el ombligo.

**Pero yo cuando acabe de escribir este libro no me la estaba jugando, no estaba enfermo, no estaba sudando, no estaba viendo videos y revistas pornográficas, no estaba haciendo ejercicio y no me estaba bañando, ni alucinando pero acabe mojado de los calzones.**

Cuídense del cojelon, de vergonzoso, de Armando Panzas, del señor Vergara, Armando Hoyos y el chico temido, todos andan sueltos.

**Recarguen sus traseros contra la
Pared.**

**Y recuerden, árbol que nace torcido, jamás su tronco endereza.**

**Pero tambien tienen derecho a vivir con
igualdades civiles y servicios sociales.
DERECHOS HUMANOS Y EL DEPARTAMENTO DE**

**SEGURIDAD DOMESTICA, DE LOS ESTADOS UNIDOS LE DAN DERECHOS CIVILES A TODOS SUS CIUDADANOS Y RESIDENTES, EN EL USO DEL SEXO.**
**NO PERMITEN VIOLACIONES A MENORES DE EDAD, NI A MAYORES DE EDAD, EL ACOSO SEXUAL Y LA DISCRIMINACIÓN BASADA CON PERFIL RACIAL, ÉTNICO, RELIGIÓN, COLOR, ORIGEN NACIONAL, ESTADO LEGAL, INCAPACIDAD, INTIMIDACION Y MALA ORIENTACIÓN HOMOSEXUAL O CREENCIA POLÍTICA, ESTO ES ILEGAL EN LOS.,**
**ESTADOS UNIDOS.**


**PORQUE PARA ESTADOS UNIDOS, CADA UNO DE ELLOS ES UN PROVEEDOR Y UN EMPLEADOR DANDOLES OPURTUNIDAD Y SEGURIDAD IGUAL, PARA TODOS SUS.,**
**HABITANTES.**

# FIN.